我的第一本
高情商沟通
入门

韦秀英——著

SPM 南方出版传媒 广东人民出版社
·广州·

图书在版编目（CIP）数据

我的第一本高情商沟通入门 / 韦秀英著. — 广州：广东人民出版社，2020.9

ISBN 978-7-218-14316-3

Ⅰ.①我… Ⅱ.①韦… Ⅲ.①心理交往—通俗读物 Ⅳ.①C912.11-49

中国版本图书馆 CIP 数据核字（2020）第 102111 号

WO DE DI-YI BEN GAO QINGSHANG GOUTONG RUMEN

我的第一本高情商沟通入门

韦秀英 著

出 版 人： 肖风华

责任编辑： 刘 宇 马妮璐
责任技编： 吴彦斌 周星奎
装帧设计： 刘红刚

出版发行： 广东人民出版社
地　　址： 广州市海珠区新港西路 204 号 2 号楼（邮政编码：510300）
电　　话：（020）85716809（总编室）
传　　真：（020）85716872
网　　址： http://www.gdpph.com
印　　刷： 天津丰富彩艺印刷有限公司
开　　本： 880mm×1230mm 1/32
印　　张： 8　　**字　　数：** 115 千
版　　次： 2020 年 9 月第 1 版
印　　次： 2020 年 9 月第 1 次印刷
定　　价： 42.00 元

序言

做什么事，可以让人生变得更好？

我时常会静下心来思考一个问题：做什么事，可以让人生变得更好？

有一个卓有成效的方法，就是走出自己的“心灵小屋”，与外界沟通和交流。在新的环境中，结交新的朋友，接触新的思想，渐渐地，自己内心的格局开始改变，人生也会朝着更好的方向前进。

沟通是生活中最平常的事，但真正把“沟通”理解到位，并且完美实施的人并不多。大多数人仍旧被沟通问题困扰，在生活中常常因为不懂沟通，而与人发生误会、矛盾，甚至争吵。有的人埋怨父母不理解自己的想法；有的人在社交场合不懂得如何表达自己的观点；有的人一站上演讲台就四肢颤抖；还有的人遇到心仪的对象，却只会开口说一句“你好”。

人生中的许多机遇、良缘就这样与自己擦肩而过，无论是谁都不愿意接受这样的结果吧！

在信息爆炸的现代社会，沟通方式的多样化无法从根本上提高人们的沟通能力。那些不懂得沟通之道的人，仍旧在人际交往中处处碰壁，尝尽苦头；而那些掌握了一定沟通技巧的人，则在人际交往中游刃有余，几句简单的话语就能让听者感同身受、连连认同，使商谈达到双方都满意的效果。

什么样的人才能在沟通中游刃有余呢？当然是情商高的人。与人沟通时，情商低的人往往词不达意，更不懂得如何以恰当的方式表达自己的情绪，容易得罪他人；相反，情商高的人则懂得沟通的黄金法则，懂得如何措辞、如何达到沟通的最佳效果。

学习沟通与提高情商，其实是密不可分的。我们不能单纯地思考如何掌握沟通技巧，而不考虑如何提高自己的情商。提高自己的情商是学习沟通技巧的基础，也可以说是内容之一；而掌握了一定的沟通技巧之后，自己的情商也会得到提升。这是一个良性循环的过程，也是让人生变得更好的过程。

本书将情商作为切入点，讲述了当下最实用、最简单、最科学的人际沟通技巧：如何不露声色地表达自己的观点，如何说话才能显示自己的高情商，如何用有“弹性”的语言说服别人，如何情绪化地表达，如何才能感同身受地理解别人……若是你在沟通中遇到了问题，不妨在本书里找一找答案。

如果你想让自己的人生发生质变，就从现在开始学习实用的沟通技巧，提高自己的情商。一个懂得沟通技巧，并且拥有高情商的人，走到哪里都是焦点，遇到什么困难都能化解，因为沟通能拉近人与人之间的距离，而拥有高情商能让人与人之间和睦相处。

目录

第3章 ——> 自我认知：情商沟通的第一要素

第4章 ——> 内驱动力：为即时沟通赋予长远意义

第 5 章 ——> 精准沟通：把话说给对的人听

第 6 章 ——> 话术：人们会根据你的表达来定义你

第 7 章 ——> 情绪调控：有时候，我们要先与自己沟通

第 8 章 ——> 同理心：高效沟通的魅力之源

第 1 章

千万别让你的“嘴”，拖了人生的后腿

沟通能力在某种程度上能够显现出我们的社交能力、工作能力、职业素养。初入社会，不懂沟通，不会恰当交流，便会引来嘲笑和不满，甚至还会屡屡碰壁、寸步难行。情商与口才，在很大程度上影响了我们人际关系的发展与在职场上的成败。

初入社会，八成功夫在“嘴”上

人与人相处离不开沟通。在生活中，我们需要与家人、朋友、邻居，甚至是陌生人进行沟通；在工作中，我们需要与同事，甚至是竞争对手进行沟通。可沟通对于很多人来说并不是一件容易的事情。

网络调查显示，企业中约有 75% 的问题是由沟通障碍引起的，比如合作低效、执行力差，以及同事间的误解和矛盾。

这一点，在职场新人的身上体现得尤为明显。没有谁的工作能力强到通晓所有事务，尤其是刚入职场的新人，肯定会遇到很多不理解的规定、不明白的问题、不知所措的突发事件，尚浅的工作经验往往无法让他们应对自如，这时候就要善用外界的力量与前辈的经验，沟通由此开始发挥作用。

朋友的公司招聘了两个条件相当的新人，他们入职一个月后，朋友发现两个人存在很大差异。其中一个人开朗健谈，很快便和部门老员工打成一片，他遇到不懂的问题时会及时请教，总结经验，能在很短的时间内将工作圆满完成；另一个人则不太爱说话，也不善交际，总是独来独往，工作遇到难题时，他便一个人冥思苦想，埋头按自己心中的想法去做，办事效率低，结果也差强人意。试想一下，如果你是领导，三个月试用期结束后，你会留下哪一个呢？答案不言自明。

事实证明，职场生涯的发展、个人职位的高低，都与沟通质量息息相关。当你的工作刚刚起步，能力尚处于提升阶段时，“会说”比“会做”更重要，八成的功夫是依靠“嘴”施展出来的。著名散文家朱自清先生说：“人生不外言动，除了动就只有言，所谓人情世故，一半儿是在说话里。”即便你的工作能力很出众，但如果表达能力较差，无法与同事、领导进行顺畅且充分的沟通，也很难在工作中挑大梁、唱主角。

沟通能力的强弱，从更深层次上说，体现出的是情商的高低。仅仅是敢于沟通、勤于沟通还不够，我们还需要掌握沟通的诸多技巧，也就是说，不仅要“能动嘴”，还要“会动嘴”。只有良性的互动，才称为真正的沟通。为什么我们都愿意和高情商的人相处？因为高情商的人不仅善于控制自己的情绪，而且懂得顾及他人的情绪，能够在待人接物、说话办事时把握一个度。和这样爱沟通、会沟通的人共事，会让人感到舒服。

我认识一位很受员工敬重的高层领导，他有一个很好的习惯，那就是不管对方说了多么荒谬的话，他一定会先很诚恳地说“对”，然后认真地指出对方这段话中可以成立的部分，由此延展开来，阐述他的看法。员工与他聊天时，沟通氛围非常好，完全没有被上级“否定、压制、俯视”的阶级感。员工心里会有这样的感受：像他这样经验丰富的人，肯定了阅历尚浅的我，还把我的意见上升到那样的高度，这真是一件让人感到舒服并且受宠若惊的事情。

与之相反，我有个同事，虽然他的工作能力出类拔萃，却很不受领导和同事待见，原因就在于他有一个自己都不知道的坏习惯——和别人沟通时最喜欢说“不”。无论别人发表什么观点，他总是摇摇头说“不对”“不是这样子的”，然后发表自己的意见。可他并不是推翻别人的观点，而是在别人的观点上进行一些可有可无的补充。所以大家都不喜欢和他聊天，毕竟人们都喜欢被认同，不喜欢被否定。

由此可见，初入社会，置身于职场这个复杂环境中，想要获得别人的认可和支持，并且有所成就，出色的沟通能力是不可或缺的。只有不断提升沟通能力，通过沟通来提高执行力和工作效率，才能享受工作带来的真正乐趣，同时也能恰到好处地处理错综复杂的人际关系。

精英都是独行侠？会做事不代表会做人

如果你细心观察周围的人群，便能明显觉察到，现代社会有着“物以类聚、人以群分”的明显特征，形形色色的人大致可以分为两种，即精英和普通人。在职场中，从智商和情商的角度看，人又可以分为以下四种：

- 工作能力强，但是沟通能力差的人。
- 工作能力一般，但是沟通能力强的人。
- 工作能力强，沟通能力也强的人。
- 工作能力一般，沟通能力也差的人。

在我们的普遍认知中，只要工作能力强就可以被视为精英，而这些精英的形象也常常与鹤立鸡群、不合群等词语相关，似乎只有设定出如此强烈的差距感，才能凸显他们的优秀。但事实并非如此。我认识的一位职场精英曾分析个中缘由，说得颇有道理——

“精英与普通员工的不同之处，并不在于他们的智商更高，实际上公司中的大多数人都与他们智商水平相当，甚至有些人的智商更高，工作经验更丰富，工作能力也更强一些。但为什么这部分人没能获得应有的成功？‘得道多助，失道寡助’的古训在其中发挥了重要作用。什么是‘道’？它的含义更多倾向于‘做人’，精英们既会做事又会做人，他们不会让自己成为职场里的独行侠，不会因恃才傲物、独断专行而导致其他人远离自己、抗拒自己。他们在沟通时重视别人的感受，懂得考量自身言行带来的后果，善于用情感感染人心、用号召力聚拢人心，能源源不断地带给他人融洽、愉快的正面感受。这些特质为他们的工作能力锦上添花，由此使他们从普通人中脱颖而出，也令自己达到了无往不胜的高超境界。”

对此，他还顺便举了一个工作中的例子。小杨是公司里的新员工，很多业务流程和操作方法都需要摸索，遇事免不了要向同事请教一二，但有些老员工并没有手把手“老带新”的足够耐心，于是就发生了这一幕——

小杨：“请问，这个销售数据分析应该怎么做呢？”

老员工：“你可以先匹配出每个部门上个月的销售情况，然后对不同部门的销售数据进行分析。”

小杨：“怎样快速进行数据匹配呢？”

老员工：“用 vlookup 函数啊，这你都不知道？”

听到这番带有嘲讽意味的“指教”，小杨顿时陷入了沉默与尴尬中。

主管见状，微笑着解围：“要做上个月的销售数据分析，首先需要对每个部门的销售数据做个汇总。目前的销售报表中，数据是分人列出的。你可以结合人员的部门归属情况表，用 vlookup 函数来进行每个人员的所属部门匹配，这样就能快速汇总部门数据。你之前有用过这个函数吗？如果没有用过的话，我给你演示一下这个函数的使用方法。”

在这段对话中，老员工的话语容易给小杨带来一种“我很无知”“我在被嘲笑”的感受，对其自尊心造成打击。为了避免再次产生这种感受，小杨可能在后续遇到问题时不愿意再向他人提问。

但在主管与小杨的对话中，他先了解对方的知识构成基础，并根据现有基础进行对应指导，能让小杨在获得问题解决方案的同时，提升对自己的认同感。

同一件事，两种沟通方法、沟通态度，带来了两种不同的沟通效果，这就是有的人只能一辈子做公司老员工，而有的人却能年纪轻轻就晋升公司主管的原因之一。

这些都是这位职场精英的经验之谈，我对此也感受深刻——正是工作能力与沟通能力、智商与情商的协调程度拉开了人与人之间的差距。

决定人生成败的关键因素，三分在做事，七分在做人，两者必须双管齐下。做人涉及一个人的个性、品行、价值观、思考方式和逻辑思维等因素，能够体现出这个人的综合素质和性格特质，是一种软性实力。学会了做人，事半功倍；学不会做人，事倍功半。许多入职多年、收入很低、依旧是底层职工的人，并非缺乏业务经验和工作能力，而是做人出了问题——情商低，人际关系差。这样的人纵然使出浑身解数升了职，也在那个位置上坐不长久，他们得不到同事的支持，也得不到领导的信任，职业发展必然受阻。

理解沟通的三个层次，你能在任何环境里生存下来

日常生活中，我们几乎无时无刻不在进行着沟通。很多时候，我们做事达不到理想效果，并不是因为我们能力差，很可能是因为我们的沟通只是浅尝辄止，没有到位。深刻理解沟通的三个层次，你将知道自己目前处于哪个沟通层次，距离下一层次还有多远。

沟通的第一个层次：完整、正确地传递信息

沟通最基础的层次是信息的传递。完整、正确地传递信息是沟通的第一步，大多数刚刚步入社会的年轻人都处在此阶段。

古人云："巧妇难为无米之炊。"如果没有完整、正确地

传递信息，沟通将无从谈起。哪怕是经验丰富的企业高管，也需要接受自下而上的信息传递，不能凭空做出决策。下达任务也是如此，必须由上而下地传递信息。

5G时代的引领者——华为公司，在拓展海外市场时曾发生了一点“小意外”。当时华为想在苏丹做一个项目，由于客户线上的员工没有及时、正确地将获取的信息传递给华为公司的产品专员，项目方案中缺乏对客户运营成本的考虑，最终华为将市场输给了竞争对手。

华为失去这次合作机会，完全是由于信息的传递出现错误。对此，华为创始人任正非还在公开演讲中说道：“我们后方配备的先进设备、优质资源，应该在前线一发现目标和机会时就能及时发挥作用，提供有效的支持，而不是拥有资源的人来指挥战争、拥兵自重。谁来呼唤炮火，应该让听得见炮声的人来决策。”

所以，自下而上的信息传递是企业高层决策的基础，也只有准确的信息才存在实用价值。作为各种信息与数据的首位接触者、收集者、整理者、传递者，我们必须养成严谨可靠、实事求是的工作作风。

沟通的第二个层次：主动表达自己的观点并拿出方案

在职场沟通中，只做好上传下达，按上级要求完成工作，反馈事情的过程和结果，就足够了吗？假如遇到一个问题，还能主动表达自己的观点和建议，提出改善办法和解决方案，沟通效果会不会更好呢？

大多数年轻人刚刚进入职场，在做决策的时候都缺乏自主性。他们总认为自己能力有限，无法单独处理好工作上的困难或问题，甚至会埋怨自己的领导不帮助自己做好决策。可事实上，领导比他们想象的要忙得多，根本无法时时处处顾及每一位下属。所以工作中遇到困难和问题时，最好能够主动与领导沟通，主动表达自己的观点并拿出方案。

在公司，或许我们的座位和领导办公室紧挨着，我们会错误地认为自己和领导的距离很近。实际上，大家都奋战在自己的工作战场上，每个人的工作战场都有不同的“信息轰炸”。把所有资料和信息都呈递给领导，让其自己分析、自己做决定，并不是合适的做法。我们要做的，应该是厘清自己的思路，并且尝试开阔思路，从管理层的角度去设计解决方案，试着站在高处做决策，最后敲定2～3个方案，让领导来做选择。这样不仅节省领导的时间和精力，而且提高了自己的工作效率，还能更快地推进工作的进程。

尽管我们在这一层次谈的主要是和领导的沟通，但事实上，与同事、客户的沟通也应按这一层次的要求去做。

沟通的第三个层次：说服对方并赢得支持

沟通的最终效果如何，不在于时间的长短和次数的多少，重要的是，要让对方接受我们的建议并赢得对方的支持。工作中，领导的支持和同事的配合，是我们的工作得以顺利开展的重要保障。

妥善处理沟通方式的问题，就相当于排除了沟通的一层障碍。如果我们的用意是说服对方，就要从对方的需求出发。若只从自己的所思所想出发，即便你诚心诚意，也不容易被认同。客户喜欢桃子，你送一筐梨，岂不是徒劳无功吗?

小王是公司的高级工程师，他转到销售岗后，很长一段时间里，一个单子都没有谈成，年轻气盛的小王有很大的挫败感。领导看到他很沮丧，便问了个究竟。原来，小王拿出工程师严谨认真的工作态度，很用心地给每个客户写了一封长长的邮件，把每个产品的规格、参数、指标、功能和技术写得非常清楚。三个月过去了，小王连一个客户的回信都没有收到。小王向领导大吐苦水，还抱怨客户不能领会他的意思。“客户是不喜欢你的产品，还是不喜欢你这个人？”领导的一句话，点醒了小王。之后，就算路程再远，小王都会亲自拜访客户，不再仅仅发邮件。他还主动送客户回家，抓住机会和客户进行深入沟通，站在对方公司的角度去介绍产品详情及合作细则。两周后，小王顺利签单。

如果能够在沟通中考虑对方的需求，并且用对方能接受的方式进行交流，就更容易让对方接受自己的观点，从而达到最佳的沟通效果。

我记得在电影《快乐飞行》中有这样一个有趣的桥段：

一位年轻的空姐刚入职，没有什么经验，在分配飞机供餐时遇到了难题，那就是旅客们大多选择吃牛肉套餐，而鱼肉套餐无人问津。正当她一筹莫展之时，另一位经验丰富的同事对她说：“来，让我告诉你应该怎么做……”只见这位经验丰富的同事走到机舱前说：“现在机内供应有以优质香草、富含矿物质的天然岩盐和黑胡椒嫩煎而成的鱼肉套餐，以及普通牛肉套餐，请大家自行选择。”旅客们一听，大多主动选择了鱼肉套餐，因为听空姐那样描述，觉得鱼肉套餐肯定既有营养又美味。试想一下，假如没有经验的年轻空姐直接告诉旅客“对不起，只剩下鱼肉套餐了”，那么旅客肯定会因为选择了自己不喜欢吃的套餐而闷闷不乐。

通常，我们从自己的角度出发去介绍产品，客户也从自己的角度来了解产品，不同的立场有着不同的视角。当一个人能从更高、更宽阔的视角看问题，问题更容易得到解决，沟通也变得相对容易。

这个世界上最增值的投资：你的口才价值百万

卡耐基有一句经典名言，我曾将它作为自己的座右铭：说话艺术不是低水平的人考虑的问题，而是高水平的人试图办成大事的撒手锏。有人认为，世界上最厉害的武器有三种，即金钱、原子弹和舌头。可见，拥有好口才对于人们来说有多么重要！

有一次，我和闺蜜一起逛商场买衣服，她大包小包地买了一堆之后，我们决定不再买了，去喝咖啡歇息一下。经过一家店时，闺蜜被橱窗里模特的穿着吸引住，停下了脚步。这时，一位女店员马上过来说："美女，看您挺喜欢这件衣服的，要不要试试，看一看穿在身上的样子？"

闺蜜说："不试了，我已经买了这么多了。"女店员并没有说"好的"或者"行吧"，她继续开口道："看您愿意停下脚步，想必这件衣服一定有吸引您的地方。难得有眼缘，您就试穿一下吧。我们活动力度也挺大，原价三千六，现在五折，一千八。"

闺蜜说："我是挺喜欢的，不过不想再冲动消费了。"女店员微笑着说："如果说是冲动消费，那您也有能力冲动啊！别人想冲动还冲动不了呢。"

闺蜜有点心动了，回答说："一千多我是冲动得起，不过那也是冲动，还是不要了。"没想到女店员接着说："您想您平时工作那么努力，积极上进，辛苦加班，不就是为了遇到喜欢的东西时，可以马上拥有它嘛！"

这句话说到我们的心坎里了。我和闺蜜都觉得这位女店员太会销售了，闺蜜当下就让她把衣服包起来，准备付款。一般来说，多数店员都会心里美滋滋地直接带顾客去结账，这位女店员却很负责，坚持让闺蜜上身试穿，看看是否合适。这位女店员如此善于沟通，又有超强的引导力，只说了几句话就点燃了顾客内心的购买欲望。

后来我们了解到，这位女店员是这家门店的金牌店员，当年每月营业额都排全店第一。但她刚到店里时，其实口才一般、业绩平平，她是如何实现蜕变的呢？美国社会心理学家、哈佛大学教授戴维·麦克利兰提出过一个著名的“成就需要理论”，简单来说，就是一个人如果对于成功的需求和渴望比其他人更高，则其在现实中的表现更像一个能够做成大事的人，并且获得成功的概率要远远高于普通人。比如这位女店员一方面十分想在这个行业施展拳脚，另一方面特别担心自己不能顺利度过试用期，于是她利用空闲时间报了个口才学习班，每晚下课回家整理笔记，早上让家人扮演顾客，模拟练习销售过程。如此学以致用之后，她的销售业绩一天天提升，营业额也在慢慢提高。她还在网上买了很多教授如何提升沟通水平的书籍，一点点学习，一天天积累，最终成了店里的金牌销售。

口才是人生的工具，是人生的利器，更是一种非常具有增值价值的投资。我们并不一定要去花费许多金钱报班、报课程，只要增加阅读量，每天坚持朗读一些文章，就可以获得显著的效果。多做阅读和朗读训练，既可以使人口齿清晰，也可以在不知不觉间积累一些知识，使得学识与口才同步发展，一举两得。如今的时代生活节奏加快，我们或许很难静下心去看、去读、去听、去感受，但为了练好口才，我们一定要有目的性、有针对性地投入时间去做这些能够让人生更加完善的事情。

在进行“口才投资”之前，我们也要制订出一个能激发自己潜能的目标。这个目标不应该太高或者太低，要顺应现实的需求，更要适用于自己。这样才能将压力转化为动力，让自己的潜能得到有效发挥。

从受欢迎到被需要，既要表达自我，也要影响他人

一颗子弹的威力有多大？它能够洞穿一些轻薄的物体，可以击碎木板和玻璃瓶，甚至可以置人于死地。而一枚核弹的威力有多大呢？第二次世界大战后期，美国向日本广岛和长崎投下了两颗原子弹，炸毁了两个工业城市，几十万人丧生……

一颗子弹和一枚核弹的最大区别就在于，子弹的内部结构简单，而核弹的内部结构复杂。一颗子弹发射，仅依靠无烟火药瞬时燃烧所产生的能量即可；而一枚核弹爆炸，却需要碳、氢、氧、氮等多种原子核裂变或核聚变反应。同样的道理，一个人的情商水平能发挥一颗子弹还是一枚核弹的威力，将决定沟通的最终质量与价值。

很多人都认为，拥有好人缘的人，都是会说话处事、情商高的人。但是好人缘并不能等同于高情商，它只是高情商的一种表现，在大多数情况下只能发挥出一颗子弹的威力，并不能完整体现出情商的真实价值。

紫曦是个大家公认的高智商的女孩子，她可爱大方，调皮机灵，每天都是笑眯眯的，让人不由自主地想要亲近。和她在一起很舒服，方方面面都让你感到轻松自在。人见人爱的紫曦准备创业，开办自己的工作室，建立自己的客户群体。因为拥有好人缘和很强的执行力，很快，她的客户群里加入了不少人。可紫曦也遇到了不少难题，她在需要各种帮助的时候，却在多个朋友那里碰了钉子，不是被婉拒就是被推脱。受到这样的待遇，她感到非常苦恼和沮丧——她觉得自己的人缘还是不错的，为什么她在需要帮助的时候却得不到大家的支持呢？她难过的不是朋友们不帮助自己，而是朋友们完全有能力对她伸出援手，却选择帮助别人，而对她袖手旁观。

回想一下过往的经历，看看你有没有遇到过紫曦这样的困扰，在你陷入困境时，身边那几个关系亲近的朋友是否主动为你遮风挡雨、给予帮助？顺便也看看你身边那些所谓的

"社交达人"，如果他们有困难找你帮忙，你会帮助哪一个？

你会发现，一个受欢迎的人可能是人见人爱的"开心果"，但是当别人寻求倾诉（求助）对象时，却选择了另一个值得信任、能给予安全感的人——被需要的人。为什么会发生这样的事情呢？原因大致如下：

一是情感因素。受欢迎的人往往是能够通过收放自如地表达自我带给对方舒适感的人，和他们在一起是开心快乐的，可以谈笑风生、滔滔不绝，但是他们未必能通过沟通给别人带来更大的影响，因为他们的情商水平和沟通能力仅仅实现了自身与外界的"和谐"。这就是上面所说的紫曦带给身边人的舒适感，对方和他们接触很舒服，愿意和他们经常保持联系，这是随性且轻松的。舒服了就多接触、多见面，不舒服了就少接触、少联系，随意性和偶然性比较强。

二是价值因素。被需要的人是有影响力的人，这种影响力常常深入肺腑、撼动心灵，其情商水平和沟通能力可以为自己与别人都赋予价值，继而打动别人，让别人为自己所用，实现了自身对外界的"改造"。如果对方十分看重你身上的某种价值，为了达成某个目标必须与你建立联系，那么这种联系的强度和必要性就会随着你的价值增加而增加。因此，在很多情况下，别人是否愿意和你建立联系，往往是由你自身是否具备某种价值来决定的。

在很多社交场合，我们都能遇到一些自带主角光环的人，只要他们一出场，就能抓住众人的眼球，使众人向其靠拢，这样自然会给他们带来许多的资源与机遇。

我们管这样的人生叫“开挂的人生”，管这样的人叫“上辈子拯救了银河系的人”。这种人把自己的个人品牌打造和经营得很好，因此和他们接触的人都愿意与其多联系，愿意围绕在他们身边，更愿意把好的资源和机会留给他们。当他们需要帮助时，大家都愿意伸出援助之手，并不仅仅因为他们会说话办事或人缘好，更重要的是，大家相信他们，在大家眼里，他们就是能成事的人。

高情商“变现”最有效、最快捷的方式，就是将自己的好人缘变为好人脉。在人际交往中，我们要努力让自己“受欢迎”，然后让自己“被需要”“被依赖”，最后变得“无可取代”。拥有这样的高情商才是我们努力提高沟通能力的最终目标。

第 2 章

走出误区：复盘让沟通持续精进

时代在不断变迁，我们的思维却不一定能够跟上时代的步伐，因为我们总是按照以往的经验或者固定的、模式化的思维做出判断和选择，在沟通时也总是被思维惯性所影响。我们更不愿意承认，自己认为理所当然的事情可能并不是事实，而是自己的一厢情愿、一意孤行。现在，你需要做出改变了。

感到寸步难行？那就别做单行道上的逆行者

在多数沟通情境中，我们都很享受当主角、站“C 位”的感觉，所以想尽可能多地表达自己，不断阐述自己的观点：“我的想法是……”“我觉得……”“我想这样……”我们想以此来彰显自己的口才，展现自己的能力，几乎不给对方发言反馈的机会，但最后的结果往往适得其反。要知道，随意插话、喧宾夺主的行为极易引起别人的反感。

这是因为沟通是双向的，是双方之间你说我听、我说你听的过程，而不是一个人的独角戏，不是一个人的喋喋不休与自说自话。沟通如何才能有条不紊地往前推进？互相尊重是一个很重要的因素。在交流过程中，如果关注点不在眼前的人身上，而是在自己身上，只顾自己说个不停，自我感觉良好，不顾及对方的感受，必然会招人烦，最终聊天以尴尬收场。

一天下班刚进家门，妹妹给我详细讲了当天工作中遇到的事情。她讲了一段内容后，我感觉这件事情有更好的处理方法，于是我打断了她，说："你这么处理是不对的，你应该……这样才是两全其美的办法。"妹妹刚开始还能听进去几句，后来慢慢失去了耐心，开始"嗯、啊、哦"地敷衍着，几度冷场。最后她撇了撇嘴说："我向你倾诉我的郁闷，只是希望可以放松一下，并不是在征求你的意见，你只顾着自己的想法，根本没有顾及我的感受，甚至都不让我把事情讲完就开始插话，你就像是一个单行道上的逆行者一样，把交流的过程、别人的心情都搞乱了。"

我恍然大悟，在亲密的人面前，我们习惯随心所欲，用自己觉得舒服的方式来表达，一不小心就围绕着自己高谈阔论，忘记了"聆听倾诉时，确保沟通的中心一直是对方"这件事，这也是我们常常在浑然不觉中进入沟通误区的原因之一。

倾听是互动的前提，想要实现高效沟通，我们就要学会保持专注，克制自己的表达欲望，懂得做好一个配角，话到嘴边留半句，让他人也有讲话的机会。不打断别人讲话，是礼貌、尊重，也是明智之举，倾听别人发言之时，相对地给了自己更多的思考时间，以便更好地、理智地分析两人沟通的盲点，比如双方的生活环境、成长经历、教育经历、性格特点等多方面的差异。如果总是想让对方站在自己的立场上思考问题，那么沟通结果必然不尽如人意。

不过，倾听并不是要保持沉默，在对方表达的过程中，我们一言不发，反而容易陷入冷场。倾听也不是抑制表达，而是在对方发言时，我们表现出的一种沟通态度，其中包含了对对方的尊重、对其继续表达的支持、对其表达内容的理解等。听到认同的观点时，我们要给予反馈，但需要适度、适量，让对方感受到自己正在被关注即可；听到不认同的观点时，我们也不要急于反驳，仍然要以对方为主角，站在对方的角度思考问题。

收起你的好胜心吧，沟通是一场没有输赢的切磋

“我不要你觉得，我要我觉得。”

演员黄晓明的一句话火了，有点让人猝不及防。在热播综艺节目《中餐厅》第三季中，厨师说：“我觉得……”黄晓明接话道：“我不要你觉得，我要我觉得。”

当时同伴有不同的意见，黄晓明便说：“你们不要闹了，就这样，都听我的。”

厨师有些担心，说：“这样会出问题。”

黄晓明说：“我不觉得这是个问题。”

厨师皱着眉头，说：“这样菜不够……”

黄晓明继续说：“这是你的问题，你必须要解决。”

同伴劝黄晓明，说："还是再商量商量……"

黄晓明坚持说："这个问题不需要商量，都听我的。"

他这番唯我独尊的表现，很快引发网络热潮，成为网民茶余饭后的谈资。一夜之间，"明学"这个网络词火了。

在比赛中拼胜负、工作中争高低，这些都是积极的表现，但这种争强好胜的心态不适用于沟通。沟通不是一件你强我弱、你输我赢，需要去争胜负的事情，它不是辩论比赛，由裁判来判定双方的胜负。沟通这件事，并没有结果的胜负之分，只有效果的好坏之别。

人和人之间的沟通是很复杂的问题，也是造成各种矛盾和争端的原因之一。我们经常会看到几个人因为一件事情争得面红耳赤，一个个咄咄逼人，有的人还钻牛角尖，非要论个谁对谁错、谁高谁低不可。显然，他们没有把语言交流当成了解彼此、增加信任的途径，反而将其作为竞争工具，甚至使劲从对方话语中找漏洞、挑毛病，只为了能够在争论中抓住对方的漏洞进行攻击，取得胜利，显示自己的英明。然而，以这样的方式赢得胜利，又有什么意义可言呢？除了给对方留下不好的印象，还能产生什么积极正面的作用吗？很多时候，两个人的关系会因为一句话而变得亲密无间，也会因为一句话而产生隔阂。

沟通时，说话内容固然重要，沟通氛围与表达方法也尤为重要。我们要想有话可聊，必须创造一种双方都感到舒适、自然、和谐的聊天环境，这种环境绝不能是硝烟弥漫、气氛紧张的。所以，我们必须要舍弃竞赛式的聊天方式，要让大家都能参与进来，各抒己见，畅所欲言。

在人际交往中，因沟通出现分歧而产生冲突和矛盾是我们不想看到的。当我们已经处于竞赛式的聊天氛围中时，冲突发生后，双方都会站在自己的立场上，从自身角度思考问题、做出决策，尽量让自己的利益最大化。不同的角度产生不同的看法，从我们的角度去理解，事情是这样的；从别人的角度去理解，事情又是那样的。如果我们总是固执地相信只有自己的看法才是正确的，从不给他人提出异议、发表意见的机会，那我们就永远受困于自身狭窄的认知范围里，格局会变得越来越小。

这个时候我们要保持冷静，不可自乱阵脚，还要采取适当的方式和对方沟通，化解冲突，做到尽释前嫌、和好如初。那么，怎样才能较好地化解沟通中出现的问题呢？

第一步，沟通时始终要明确的一件事是我们的最终目标是解决矛盾，化解危机，不是只为了个人利益排挤他人，也不是非要分出高下。在考虑解决冲突的方法时，除了要顾全自己的利益，还要考虑对方的感受、对方的利益，从中寻求平衡与双赢。否则，沟通会越来越难，陷入僵局、死局，双方的心情会越来越糟，矛盾也无法得到切实解决。

第二步，学会控制自己的情绪，采取回避方式，从思想和行动上主动退出，暂时放下矛盾。沉默不是逃避，是为了缓和气氛，让双方冷静下来，有时间重新思考，保持头脑清晰，寻找问题的解决办法。

第三步，针对冲突点进行资源整合，有冲突就说明有利益点和需求点，我们可以将双方的利益点和需求点找出来，然后寻找中间地带，提出对双方都有利的解决方案，尽量在双方都不需要妥协的情况下，实现双赢。

永远不要想着与所有人做朋友

在集体讨论中，常常是你一言我一语，各有各的道理，这时候一部分人就没有了自己的主见，不自觉地受从众心理驱使，丧失了独立思考与辨别是非的能力，盲目跟风，人云亦云。在沟通场景中，有一种典型的老好人，他们的口头禅是“都可以，都对，都行；我没想法，我没意见，都听你们的”。对方一开口，提出想法、建议、意见、要求，他们便会毫无原则地随声附和、步步妥协、全盘接受，担心提出异议会影响双方的关系，伤害感情。就像过马路一样，有些人只是盯着手机跟着人群往前走，不辨是非、盲目跟从，出了事才觉醒过来，懊悔不已。

在同样都是接受对方提议的情况下，有两种表现方式：主动接受与被动接受。两者的区别在于，你接受这个观点、执行这件事情的过程中，是甘愿的还是不甘愿的。

主动接受对方的观点，我们的感受是“你说得确实很对，这样对我们以后的发展和成长都会有所帮助，这件事成功了，我们会很有成就感”“你这个建议非常好，不仅利于我们个人进步，也利于公司业务发展”。而被动接受对方的观点的感受是“我不觉得你这样就是好的、对的，这么做或许还不如以前的方式好”“你这样的建议对大家都没什么意义，既然大家都不表态，那我也不想多说”“随便吧，你说什么就是什么，反正也是你说了算”。

被动接受往往让我们感到不开心、不满意，甚至愤怒。朋友托你帮忙设计一个宣传海报，他认为很简单，很快就能完成，开口道：“你设计技术水平高，顺手帮我做做，这个简单，也占用不了多少时间，咱们这关系，你拒绝可说不过去啊。”碍于情面，你嘴上应着，心里憋着气，因为手头还有许多工作要尽快完成，于是晚上熬夜做了一张自认为不错的海报，拿给朋友看，朋友却说：“这也太敷衍了吧，完全不是你的水平啊。”你心里想：“我晚上熬夜完成，而且分文未取，竟然还说我敷衍，真是没审美水平。”于是两人之间产生了隔阂，关系从此疏远了不少。原本希望让对方觉得自己“乐于助人”“在帮朋友解决问题”“是有责任感的人”，但很遗憾，对方的感受是“你并没有尽全力帮我”“你不重视我，敷衍我”。

要知道沟通是有原则的，要遵照自己内心最真实的想法，从根源上正确看待自己与他人、社会的相处方式。永远不要想着和所有人做朋友，因为你满足不了所有人的需求和期望。在必要之时提出异议，反而能替对方节省时间，帮其尽快找到更好的解决办法。表达自我观点的核心不在于有哪些话术可以帮我们开口，而在于如何正确认识坚持原则与人沟通这件事情。只要敞开心扉，那么路自然会变得好走起来。

欲速则不达，这个“雷区”我们都踩过

在和他人进行初次沟通时，我们的精力往往放在“说”上，很少注重“听”，下意识地急于表达自己的主观意见，忽略别人的说话内容。有些人甚至带着主观偏见去聊天，刚刚交流几句，在没完全弄懂对方要表达的意图时，就直接下定论：“不用再讨论了，就这么决定了”“我没时间和你废话”“既然你都这么说了，那没什么好谈的了”“我知道你是怎么想的”……

沟通是一个相互理解和认可的过程。既然是过程，就一定有紧密联系的步骤，跳跃式的交流必然会让沟通步骤缺失、过程不顺畅。若一个人经常以自我为中心进行思考，不

仅无法提高办事效率，反而会错失很多重要信息，也常因鲁莽冲动与超前判断而误会对方，带来原本不该出现的麻烦。而且，这种由先入为主思想主导的快速沟通会让对方感到不被尊重，不再有和你沟通下去的欲望，也会影响彼此的关系。

一位顾客从商场里买了一件衣服，在洗涤时褪色严重，拿着衣服到商场里要求退货。营业员的脑海中此时只有一个念头："顾客是来找碴的、'碰瓷'的，会给店里带来不好影响"。营业员急于把事情解决掉，于是直接指出褪色是因为顾客的洗涤方法错误，责任不在商场，坚决不退货。顾客一听，情绪顿时激动起来，双方起了冲突，一时僵持不下。

商场主管闻声而来，三言两语就让顾客平复了激动的情绪。他是怎么做的呢？他没有急着和顾客理论，也没有对这件事直接下定论，更没有马上给出解决方案。他只是微笑着站在顾客面前，听顾客先发泄了自己的不满和抱怨，看顾客的气消得差不多时，了解清楚事情的来龙去脉和双方争执原因，然后真诚地对顾客说："非常抱歉，我们也不知道这件衣服会褪色。您觉得这个事情怎么处理比较好，我们完全听从您的意见。”

顾客原本是来商场要求退货的，见主管说话和气，态度也好，便主动让了一步，说：“那以后怎么洗才能防止衣服褪色呢？”主管顺势讲解了正确的洗涤方法，然后安抚道：“您再试穿一周，如果到时候您对这件衣服还是不满意，我们无条件给您退货，可以吗？”一周后，这位顾客非但没有来退货，还带了朋友一起来挑选衣服。

不难看出，正是因为这位商场主管没有直接按照自己的想法来处理问题，而是耐心倾听顾客的想法，站在对方的角度思考问题，然后分步骤、有条理地去解决问题，才有了如此皆大欢喜的结局。欲速则不达，在沟通中，我们应该耐心倾听别人的想法，而不是胡乱地推断别人的意图，想当然地将事情按照自己的想法去理解，更不能先入为主地预测事情的结果，而是要充分了解对方的想法，以客观事实为基础提炼重点、要点，这样才能达到最佳的沟通效果。

如此健谈，未必能提高你的“能见度”

很多人在沟通中都会犯这样一个毛病：啰唆半天，说一些没有营养的话，逻辑混乱、条理不清，语言组织能力欠佳，总说不到重点上，喋喋不休，还自认为开朗健谈，觉得大家一定都被自己的言谈吸引。然而对方却一脸迷惑，既听不懂他在讲什么，也不理解他要表达的是什么，感觉自己的时间被浪费掉了，沟通效率低，完全没有达到预期的沟通效果。

有两名员工先后接到了同一个客户的投诉电话，他们都要找领导汇报这件事情，两人沟通表达的不同，导致出现了以下两种汇报方式。

汇报方式 A：经理，我刚接到一个客户投诉电话，这个客户是销售部小王的客户。我找小王详细了解了客户的情况，客户在购买前，将我们的产品与多家进行了对比，考虑两周后才在我们这儿购买，应该说客户对我们产品的质量和口碑是比较认可的。但这周，我们接到这个客户的四次投诉，前三次都说我们发货速度太慢，最后一次说我们产品有问题，要求退货。经仔细询问，发现是客户对产品的使用方法不当。我和客户好好沟通后，目前客户的投诉问题已经解决。经过这几次沟通，客户虽然还有一些抱怨，但对我们的服务满意度还是比较高的。我在想，虽然目前这个客户的问题得到了解决，但这种情况导致的投诉是难以避免的。问题的根源在于我们在销售和服务的流程上没有主动跟进，因此客户对发货进程和产品使用情况等不知情。如果我们在售前告知客户发货周期，在产品寄出后及时给客户提供快递单号，在客户收货后主动告知产品使用方法，不仅能提升客户体验，还能降低投诉率。所以，我觉得我们当务之急是优化一下服务流程，您看是否可行？

汇报方式B：经理，我认为我们目前的销售与服务流程可以做一些优化，在订单确认后，由销售人员主动告知客户我们的发货周期及客户预计收货时间。同时在客户收货后，由客服部门主动跟进客户对产品的使用情况。目前，我们在这两个环节的工作都是被动的。这周，有一个客户因为发货速度与产品使用方法的问题投诉了我们四次，客户的投诉都得到了解决，但确实影响客户对我们服务的体验。如果在销售与服务流程上做一下调整，不仅能提升客户的购买体验与满意度，也能降低客户的投诉量。我认为，这是一件很有必要，也很有价值的事情。针对服务流程优化这件事情，您看是否可行?

这两段话其实讲的是同一件事情，都是建议上级对现有流程进行优化。两者的差异在于领导在什么时候获取核心信息。汇报方式 A 直到最后一句才表明这次沟通的意图，语言表达冗长，啰唆重复，讲述许多和目标需求无关的内容，重点不突出。而汇报方式 B 在第一句话里就表明了这次沟通的主题是什么，简单有效，直入重点。在多数情况下，话多并不一定是好事，“惜字如金”反而能产生更好的效果。明明只需要一句话就能说清楚的事情，有些人非要不合时宜地细细讲来，为了让对方听明白，理解自己的意思，一遍遍地重复强调，结果往往适得其反。有的人则思想简单、毫无内涵，只是在重复别人说过的话，只是在反复表达一些众人皆知的道理，导致沟通缺乏深度，令人觉得与其沟通没有太大的意义和收获。生活节奏不断加快，每个人的时间观念也越来越强，沟通时不妨直奔主题、言简意赅，这样不仅能让对方明白问题的关键所在，还能节省更多的时间和精力。

从前思考“该怎么逃”，现在思考“该怎么做”

对于口才不佳或有社交恐惧症的人而言，与人聊天是一种煎熬、一种折磨，遇到难以沟通的问题，比如面对别人的批评与指责、刻意针对与故意刁难时，他们总是习惯性地消极逃避，一心只想着怎么逃离这种环境，不愿积极面对，不是三缄其口，便是推卸责任、连连否认——“不是我，我不知道，这事与我无关”，于是屡次错失提升情商与口才的机会。

为什么会出现这种情况呢？主要是受到惯性思维的影响，人的惯性思维也就是以往习惯性的心理状态，或者说是某种活动倾向。如果自身所处的环境条件没有发生变化，那么惯性思维能够帮助我们快速解决问题；可如果环境条件发生了变化，它就会成为思维上的牢笼，阻止我们利用创新的方法去解决问题。因此，提高沟通能力的先决条件之一，就是打破自己的思维定式，从根本上改善惯性思维所带来的负面影响。

我们必须学会直面问题。人生如同在大海中航行，一路上难免会遇到风风雨雨，没有谁的一生会被贴上一帆风顺的标签。面对困境，情商高的人敢于面对，鼓励自己勇敢站起来，调整情绪，恢复活力。

人非圣贤，孰能无过。遇到问题说明存在问题，我们要做的不是避开问题，而是去解决问题。装鸵鸟绕着问题走，不仅不现实，而且无法从根本上解决问题，反而会影响工作进度和最终效果。在逆境中，聪明人和愚蠢者的区别就在于能不能随着外界的变化及时调整自己的行为，以维护自身的利益。情商高的人都能将自身利益视为核心，将外界环境的变化设定为参数，灵活机动地分析问题，进退自如地做出决策。

我们不如从现在开始转变思考方向，迎难而上，直面问题，找出问题的根源，想想“该怎么做”，力争彻底解决问题。如果以前常说“可我已经尽力了”，现在不如说“我确实错了，我会尽力弥补这个错误的”；如果以前常说“原因不在我，我控制不了”，现在不如说“请放心吧，我一定会承担后果的”。把话说明白之后，其实很多问题都能“船到桥头自然直”，而且结果也并没有预想的那么糟糕。

面对来自他人的批评，最明智、最重要的举措就是先冷静下来，然后判断双方所说的是不是同一个问题、沟通目的是否一致、存在分歧的点又在哪里，继而相互给予自由的言论空间，让双方可以各自阐述观点并提出解决方法。再根据对方批评的内容和表达逻辑的差异，以不同的话术来应对。如果对方提出的批评内容完整、逻辑清晰，我们顺着对方的思路给出反馈即可。如果对方的表达逻辑不清晰，只是注重描述感受，我们可以将需要反馈的信息分成四个部分：承认错误，承担责任；分析产生问题的原因；明确后续改进计划；向对方提出批评的行为表示感谢。简而言之，要向对方传达我们改正问题的决心，让对方知晓我们将有所行动，建立双方沟通的共识，将执行贯彻作为沟通的最终目的。

比如当领导批评你说："你刚才发给我的报表有两处错误，不仅数据没有保留小数点后两位，还把部门间的数据混淆了。跟你说过多少次了，工作完成后要检查，这个毛病什么时候能改正过来！"

你可以这样应对，说："不好意思，确实是我的疏忽，没有做好报表检查工作（承认错误，承担责任）。我对报表的检查不够重视，也不够细致（分析产生问题的原因）。我现在立即重新核对一遍，确认无误后再发一份新的报表给您，以后每项工作完成后，我都会检查三遍以上，确保不再出现类似错误（明确后续改进计划）。谢谢领导的指正（向对方提出批评的行为表示感谢）。"

择善而从，远离消耗型人际关系的五个步骤

人际关系有两种，其中一种是消耗型人际关系，它会不断消耗你的能量。例如，与某些朋友、同事聊天，其实是一直在听对方不停地抱怨，好像生命中的一切都无法令其满意。你本来大好的心情，就会被这种以自我为中心、负能量满满的人弄得乌云密布，内心很多光明快乐的东西都被折腾没了，陷入情绪的泥潭中难以自拔。这种消耗型人际关系在我们的社交生活中非常普遍，酒肉朋友就属于这种关系。

与之相对的是滋养型人际关系，它能令你不断成长。例如，和某些人聊天，能够让你受益匪浅，因为他们总能给你启发及灵感，让你有醍醐灌顶之感，意犹未尽。在聊天时，

你内心的烦恼也会烟消云散，哪怕沉默不语，也不会感到尴尬，并且他们总能在沉默之后给你惊喜和期待。

每个人的时间都很宝贵，精力也很有限，消耗型人际关系好比炸鸡、泡面，不健康、没营养，空耗着我们的时间和精力，属于无用社交。

一晚，毕业后多年没联系的同学突然打电话给我，东拉西扯了半个小时，我当时还要忙一些工作，就说："我还有点事儿要忙，咱们改日再聊吧，你也早点休息。"她说："着什么急啊，这么多年没联系，难得多聊会儿。"又过去了半个小时，我有点着急，说："你快去洗漱休息吧，挺晚了。"她说："别啊，再聊会儿。"我只好把工作放在一边，陪她聊了一个多小时，听她聊八卦、抱怨。她说得兴致勃勃，我听得迷迷糊糊。这直接影响了我的工作进度，我不得不熬了个通宵把工作完成，第二天整个人都感到非常疲惫。后来她又打了几次电话过来，我都没有接。

物以类聚，人以群分。我们处在什么样的圈子里，就会逐渐变成什么样的人。经济学上有个词叫"及时止损"，对于那些不断消耗你的人，一定要趁早远离，否则毁掉的可能就是你的一辈子。有些人是不需要你去结交的，你可以按照以下五步来净化自己的社交圈。

第一步：客观识别

如果某个人在你的朋友圈中的评价普遍很差，他的所作所为也确实不被大家认同，你应该尊重这个客观事实，不要再抱有幻想，以为他有一天会突然脱胎换骨，重新做人。还有那些一直被你放在通讯录中，几年也没联系过一回的朋友，都是应该被清理掉的“无用社交”对象。

第二步：主观感受

如果你与一个人聊天之后，原本的好心情都被破坏殆尽，这种事情一而再，再而三地发生，令你感到身心俱疲，说明这个人并不能在你的人生中胜任一个好朋友的角色。真正的好朋友是不会让你觉得烦躁、纠结、难以忍受的。

第三步：逐渐疏远

割袍断义的行为确实有点过激，你要做的，仅仅是减少主动联系与被动回应的次数。对于那些不断打扰你的人，或回应只言片语，或视而不见，这就是对他们最好的回复。假如他们知趣，便会主动放弃对你的“纠缠”。

第四步：断然拒绝

当然，仍旧有一些不知趣的人还在试图维系你们的“友情”，经常提出一些过分的请求和要求，这时候你千万不要模棱两可、含糊其词，一定要立场坚定、语气明确地给予回应，表明你的想法和态度，让对方知难而退。

第五步：择善而从

远小人，近君子。远离消耗型人际关系的最好办法就是建立滋养型人际关系。近朱者赤，近墨者黑。花费更多的时间和精力，与一个能让自己变得更好的人相处，能让你迅速成长，给你的人生带来深远的积极影响。

Tips：不能深交的几种人

※ 自私自利的人

他们把自我利益看得最重，功劳永远是自己的，责任永远是别人的，见利忘义是他们的行事风格。与他们相处，你会发现，永远是你在付出。你帮他们，他们觉得理所当然，不领情也不回报。

※ 言而无信的人

他们视自己的信用为儿戏，很多事情都是随口一说、轻易许诺，过后又不予实现，甚至翻脸不认账，一次次地辜负别人对他们的信任和期待。

※ 趋炎附势的人

他们的格局和视野都很狭窄，认为金钱至上、权力至上，无法客观评价他人，经常将你与其他人进行比较，有时候还会搬弄是非。

※ 反复无常的人

他们的情绪起伏很大，不善于管理情绪，今天和你在一起欢声笑语，明天就冷眼相对，让你摸不清自己到底是不是他们的朋友。

※ 怨天尤人的人

他们常常抱怨别人、抱怨社会，把生活和工作中的不顺利都归结到外界因素上，喋喋不休地诉苦，不知不觉间你就成了他们的情绪垃圾桶。

第3章

自我认知：情商沟通的第一要素

自我认知就是了解自己，对于自己的长处与短处、优势与劣势，都了然于心。在认识自己的过程中，要让自己不断完善与进步，也要接纳自己的不完美，找到改变自我与接纳自我的平衡点，这也是自我认知的最高境界。如果我们能够在沟通之前，就在自我认知层面进行全面而有深度的思考，便可以避免出现更多的沟通问题。

大脑做出的那些非理性决定

很多时候，我们说话不受控制，口无遮拦、不顾后果，引起误会或矛盾，其实都是由于大脑做出了非理性的决定。当大脑不受“控制”的时候，沟通便容易出现问题。

诺贝尔经济学奖获得者丹尼尔·卡内曼教授根据人类的理性与感性思维，提出“两个系统”理论，也就是大脑处理信息时往往依赖于“两个系统”。其中一个系统倾向于感性，能够快速、自动化、情绪化地处理信息；另一个系统倾向于理性，能够有逻辑性、有意识、慎重地处理信息。通常情况下，人们在处理一些简单的信息时，会运用感性思维；而在处理一些复杂的信息时，则会运用理性思维。

当然，每个人的思维习惯不同，即使面对同样的问题，有的人更依赖于主观情绪化、反应迅速的感性思维，而有的人却依赖于客观、慎重、有意识的理性思维，这体现的仅仅是一种倾向，并非是固定不变的处理模式。事实上，每个人的大脑都是理性与感性并存的，没有绝对理性的人，也没有绝对感性的人。理性和感性就像一条长轴上的两端，没有人站在两个极端上，大家都位于两端之间的某个位置上，而且人们所处的位置也不是一成不变的，它会根据各种因素的改变而不断发生变化。

人的思维方式也会决定沟通方式，所以那些倾向于理性思维的人，说话客观严谨、逻辑缜密，不容易出错；而那些倾向于感性思维的人，说话直白真诚，没有太多心眼。理性的沟通能够避免很多问题及误会的产生，可我们的大脑却时常做出非理性的决定，这是为什么呢?

我在哈佛大学教授丹尼尔·戈尔曼的著作《情商 2：影响你一生的社交商》中找到了答案。在经济学中有一个著名的“最后通牒博弈”游戏，就是让两人参与决策，其中一人提出方案，另一人决定是否接受。如果所有方案都被拒绝的话，两个人什么都得不到。比如，你要和朋友分配 10 美元，由朋友提出方案，由你来决定是否接受。如果朋友提出给你 1 美元，他自己拿 9 美元，你很可能断然拒绝，并且义愤填膺，这样你和朋友两个人都一无所获。因此经济学家会告诉你，接受这 1 美元其实是划算的，而选择拒绝是大脑做出的非理性决定。

“最后通牒博弈”游戏被多个领域——除了经济学，还有社会神经学的专家运用。普林斯顿大学教授乔纳森·科恩组建了一个科研小组，专门研究“最后通牒博弈”游戏参与者在游戏中的大脑活动情况。研究结果表明，一个人在做某种决策时，负责认知的大路神经系统和负责情感的小路神经系统，会产生同样重要的作用。也就是说，在做决策的过程中，人的大脑中会进行一场认知与情感的对抗赛。如果小路神经系统反应强烈，那么人的情感就会胜出，做出的决定就缺乏理性；相反，如果大路神经系统反应强烈，那么做出的决定就会更理性。

科恩教授的观点是在“最后通牒博弈”游戏中，如果别人分配给你 1 美元，你的反应是“绝对不能答应”，这就是一种非理性决定，因为得到 1 美元，总比空手而归要划算。可是，包括你在内的很多人，都放弃了“让自己利益最大化”的传统经济学理论，而做出非理性决定，这种情况让经济学家有些不知所措。在现实生活中，总有人做出这样的非理性决定，比如宁愿放弃自己半个月的薪水，也不愿接受一个让自己觉得不公平的方案。在沟通过程中，很多人也是如此，往往会因为一时的冲动、愤怒，说出一些让自己后悔，甚至是损害自身利益的话，其实这些都是因为大脑的小路神经系统反应强烈造成的。这时，如果能够学会理性思考，控制好自己的言行举止，则会避免发生很多误会与损失。

我们不可能做到绝对的理性，但是可以让大脑的思维方式更倾向于理性，就事论事地分析客观情况，不断加大那些正确认知对言行的影响，只有这样，我们所说的话才不容易出错，才能彰显自己的内涵与水准，让沟通更加顺利，进而提高自己的情商。

Tips：如何保持沟通的理性

※ 我要说给谁听

在沟通之前，必须明确自己沟通的对象，弄清自己和对方的关系怎么样，对方是一个什么样的人，提前准备好沟通所需要的资料。

※ 我应该说些什么

在沟通前详细了解对方的需求、兴趣爱好和工作习惯，了解对方的性格、年龄、教育背景，思考这次沟通的目的是什么及我想要表达什么观点，等等，做到有的放矢。

※ 选择良好的沟通环境

见面之前选择一个良好的沟通环境极为重要，沟通环境的好坏直接影响沟通的效果。

※ 可以说多少

沟通是一个循序渐进的过程，刚开口就将信息全盘托出会显得有些突兀。而且交谈时把自己的底牌直接亮给对方，只会使自己陷入被动的局面。

※ 可以说多深

随着沟通的深入，就可以对对方有一个基本的了解，如果对方有沟通诚意，就继续深入沟通；如果对方没有深入沟通的意思，就点到为止。

大多数的沟通障碍，都源于自我认知障碍

沟通中遇到障碍是很正常的，人人都不可避免。无论在生活中、学习中，还是感情中，我们都会遇到各种障碍，它们就像沟通之路上的“拦路虎”一样，如果不及时清除，很容易导致各种沟通问题的出现。那么，沟通中最常见的障碍都有哪些呢？

➤ 语言上的障碍——容易出现传达错误和理解错误。每个地方的方言语音不同，同一个词语义也可能有差异，有时会听不懂对方想要表达什么意思。每个人的思维方式和理解能力也不一样，如果在倾听时加入主观推断，就更容易出现理解偏差了。

➤ 沟通环境太复杂，容易出现信息遗漏。尤其是在工作中，最重要的沟通方式就是汇报和传达，信息经过多层传递之后，能够保留三分之二的有效信息就不错了。

➤ 信誉问题导致的沟通障碍。假如对方不够信任你，或者对你有一些偏见，就有可能无法接受你的观点，甚至与你针锋相对。

➤ 条理不清晰，边界条件没有说清楚。很多人在沟通中往往只注意传达信息本身，而忽略了一些边界条件，加上个人的理解差异，最终导致沟通障碍的出现。

➤ 由于存在利害关系，沟通中会有所隐瞒。面对彼此的利害冲突、抗拒意见或建议，其表现有以下三种：一是视而不见；二是直接拒绝；三是曲解对方的意思。

➤ 距离较远也会引起沟通障碍。因为缺乏面对面的交流，无法从肢体语言和面部表情中获得有效的信息，从而出现判断失误的情况。

当然，沟通障碍多种多样，不仅仅局限于以上几种。虽然造成沟通障碍的原因有很多，但从本质上来说，大多数的沟通障碍，都源于自我认知障碍。

什么是自我认知呢？就是对自己的理解与观察，它包括两方面的内容：一是自我观察；二是自我评价。自我观察就是对于自身外貌、知识、思想、能力、行为等多方面的观察；自我评价就是对自己察觉到的一切进行判断与评估。所以，自我认知能够使我们对自身的身份、处境及说话方式都有一个清晰的认识，这也是一种避害的能力。

自我认知较好的人，知道自己的优势在哪里，也知道自己有哪些不足，不会过于自大，也不会过于自卑，能够以较为客观公正的眼光来看待自己；而自我认知较差的人，无法客观公正地进行自我观察和自我评价，往往会出现“没有自知之明”的情况。

自我认知较差的人，往往会表现出以下几种自我认知障碍。

障碍一：过于自我

过于自我的人无法正视外界和他人的评价，也无法看清自己的位置。因为自我意识过于强烈，所以在沟通中常常表现为过于在乎自己的感受，从而忽略别人的感受。如果没有办法正视自我，无法突破自己的局限，就无法实现有效的沟通。

障碍二：过于自信

人应该自信地活着，但是不能过度自信，否则就无法正常与他人进行沟通。过度自信的人，往往对自己评价过高，包括对自己的外貌、智商、专业水平、社交能力、个人魅力等评价过高。另外，过于自信的人在沟通中会太过相信自己的经验、知识等，影响沟通的正常进行。

障碍三：过于自卑

过于自卑的人就像戴上了“缩小镜”一样，低估自己的学识、能力、个人魅力等，在沟通中总是害怕说错话，害怕别人不喜欢自己，害怕自己的观点不被接受，并且过分在乎他人的看法和评价，很少明确表达自己的观点。

障碍四：性情不定

性情不定的人没有稳定的自我认知，有时对自己评价过高，有时又对自己评价过低，就像“哈哈镜”一样错误地评估自己，对自己缺乏一个准确而清晰的定位。

障碍五：过分依赖老旧经验

时代在变化，社会在进步，一些老旧经验可能在过去很适用，但在全新的环境中，过分依赖老旧经验就会阻碍我们创新，让我们陷入思维定式之中。

总之，大多数的沟通障碍，都源于自我认知障碍，如果能够正确地认识自我，对自己进行准确的评价，不过分自信，也不过分自卑，并且不被经验所束缚，那么沟通上的障碍就会减少很多，至少我们不会再因为“没有自知之明”而闹出笑话。

仅仅是“知道”还不够，你要改善，也要突破

有些人经常抱怨自己不会说话、沟通困难、缺乏自律、学习力差、行动力差、过于懒惰，于是报了很多网络课程，买了许多本书，花费了不少的时间。最终我们会发现，即使这些人找到了一千种提升自律能力或战胜拖延症的办法，到头来也还是不起作用。因为他们仅仅给出了“嗯嗯，好的”“哦，我懂了”的欣慰回应，但最终并没有付诸行动，雄心壮志都无疾而终。

我们在沟通中会遇到各种各样的问题和障碍，各种突发情况也接踵而至。这个时候，我们知道问题所在，但不能仅仅停留在“知道”上，应该趁热打铁，想想下一步要如何改

变这个情况，再下一步要如何去解决这个问题。我们可以从以下四个层面来进行改善与突破。

层面一：客观的自我认知

能做到却没做到，是因为自身能力不足，通过努力即可弥补。能做而不敢做，是因为对自身能力的认知存在偏差，只要客观看待自己就能解决。认识别人难，认识自己更难。我们可以通过哪些途径来客观地认识自己呢？

通过自我观察来认识自己。这个世界上最了解自己的人便是自己，自我观察能够帮助我们正确地评价自己的优势与劣势、长处与短处等。

通过他人来认识自己。所谓“旁观者清”，很多我们自己不知道的问题，他人很容易便能看出来。我们可以通过他人的评价，进行自我检查，发现不足，并且不断改进。

通过群体来认识自己。人是社会性动物，生活、学习和工作都离不开群体，了解自己在群体中的表现是怎样的，以及群体对自己的评价，都可以帮助我们更好地认识自己。

层面二：积极的心态

这个世界是对立统一的。一切存在的事物都由既相互对立，又相互统一的一对矛盾组合而成。所以，无论是自我观察，还是通过他人、群体来认识自己，都要学会用辩证的眼光来看待。自己的评价不一定就是事实，他人、群体的评价也不一定都是对的，我们应该客观地看待，只有这样才能让自己保持积极的心态，勇敢地突破自我。

层面三：高效的方法

在遇到一些不可改变的事实，以及不可控的事物时，拥有积极的心态十分重要，可仅有积极的心态还不足以解决所有问题。我们还应该运用最高效的方法，尽最大努力来提高自身的能力，只有让自己变得强大起来，可控的范围才会越来越广。我们利用高效的思维和学习方法来提高自己的过程，其实也是自我成长与自我突破的过程。

层面四：坚定持久的行动

沟通能力很难一下子就得到提升，大多数情况下都是循序渐进地、缓慢地提升。找到不错的提升方法后，一定要付诸坚定持久的行动，哪怕它看起来很难，也要努力去尝试，并且学以致用。古时讲究“知行合一”，只知道还不行，还需要付诸行动，否则知道的东西就是“伪知”。付诸坚定持久的行动，才能循序渐进地提高沟通能力。

不是所有优势都是核心竞争力，释放魅力要稳准

现代教育背景之下，大多数人对于孩子优秀与否的评价标准，都是学习成绩好不好、考试的名次高不高、竞赛中是否获奖等。同样的，很多人将智商高低作为评判一个人能否取得成功的标准。不过，更多的心理学家表示，取得成功的关键因素并不是智商，而是情商，其影响力也大大超过了智商。

有的人学识渊博，懂得各种沟通技巧，说话很有水平，他们所陈述的观点“与众不同”，无论是关于成功的法则、关键性的决策，还是面对困境时的心态，都能给人启发或灵感，让人感受到思想的魅力，给人留下深刻的印象。由此，

很多人产生了一个思维误区：自己的学识丰富，说话就不容易出错。

丰富的学识确实能够提高一个人的分析判断能力和决断能力，但是那些学识渊博而又心直口快的人，仍旧会说出一些毫无水准的话，那些脱口而出的话，仿佛“避开”了大脑中所有的学识。智商高、情商却不高的人，常常处于一种怀才不遇的生存状态。他们无法灵活地承受各种心理压力，也无法坦然面对各种竞争，尤其是面对那种突如其来的竞争压力时，他们往往因为手足无措而智商“归零”，无数次错失了创造成功的机会。

只有高智商优势，而没有高情商的人，终究难成大业。我是在大二那年意识到人光靠智商是不能够成功的。我的室友入学考试分数非常高，并且连续五次通过“跳班”测试，成绩都十分突出。虽然她的学习成绩在全校拔尖，但是却不懂得人际交往，每天一个人行走在校园中，活在自己的世界里。毕业后，她进入一家不错的公司，可由于人际交往方面的障碍，她始终处于公司底层，错失无数次晋升的机会。可见，智商可以决定你的起点，但情商可以决定你能够走多远。

因此，不要以为自己智商很高、学识渊博，在人群中就一定会左右逢源、如鱼得水，你的优势未必能成为你在社交生活中的核心竞争力。生活中不乏这样的现象：两个社会背景、学历背景相当的人描述同一件事情，一个人说出来能够赢得满堂喝彩，而另一个人却很难引起听众的共鸣。要想在沟通过程中充分展示自己的魅力，除了及时把握适合展示自己才能的机会，让对方在很长一段时间里对你记忆深刻外，必须同时拥有以下几种特质。

恰到好处的热情

首次和别人打交道时，要用行动表达自己的热情。主动和对方握手，面带微笑地介绍自己，在谈话中要善于赞美对方。如果对方需要帮助，一定要在能力范围内施以援手，给人留下良好印象，为继续交往打下基础。

拿捏精准的幽默

沟通中需要有一些幽默，若能巧妙地用幽默化解尴尬及冷场局面，或用幽默的语言给谈话增添色彩，对方不仅会在短时间内牢牢记住你，还会更愿意和你多聊上几句。

真诚的眼神

在沟通中，眼神所能传达的信息并不比语言少。比如你想用眼神告诉对方，你是一个自信的人，那么在交流时就应该正视对方，保持眼睛炯炯有神，并且面带微笑。这种自信的目光、真诚的眼神，可以为你的形象大大加分。

抑扬顿挫的语调和从容不迫的语速

最好的说话语调是保持抑扬顿挫，不仅要像音乐一样优美，还要能充分展现自己的从容不迫。如何才能保持语调的抑扬顿挫呢？就是让语调保持自然，要有高、中、低音之分，并且主次分明，富于各种变化，而不能怪腔怪调。

除了语调，语速也同样重要，它会直接影响沟通效果。语速过快，对方的思维可能无法跟上，还会让人误会你是一个性格急躁的人；语速过慢，会浪费两个人的时间，还会给对方留下懒散怠慢的坏印象。所以，要保持最适合的语速，不急不慢，有条不紊。

从对比到吸收：正确地看待自己与他人的差别

不管你是不是体育爱好者，肯定都在电视上看过中国女排在奥运会赛场上的飒爽英姿。相比之下，中国男排就要逊色一些，真有点“须眉”让“巾帼”的意思。不过，在2017年的世界男排俱乐部锦标赛中，中国男排的成绩虽然不够“亮眼”，但也算取得了历史性的突破。在前两轮小组赛中，中国男排面对的是波兰和俄罗斯的两支强队。显然，这两支强队具有世界级的水平，中国男排与其实力悬殊，无论赛场经验还是自身能力都相差甚远。结果中国男排连输两场，失去小组出线机会，但他们却毫不气馁，赢得第三轮小组赛，获得了该赛事的首场胜利。

但是最终，中国男排战败，带着遗憾和希望离开了赛场。虽然中国男排无缘晋级赛，但他们通过参加这样顶级的赛事，看到了自己与世界强队之间的差别。

比赛结束后，国家体育总局排球运动管理中心主任李全强欣慰地说："这次中国男排参加世界男排俱乐部锦标赛，不仅增长了经验，开阔了视野，还收获了自信。未来，中国排协将继续努力，为男排队伍创造更多与世界强队交锋的机会。"

通过对比看到差距，通过吸取经验缩短差距，这便是中国男排最大的收获！

无论在人际交往中，还是在沟通交流中，我们没有得到认可，往往是因为自己不够优秀。如果自己不是一颗完美的珍珠，又凭什么苛求别人认可呢？所以，我们应该时常将自己与他人作对比，并且与他人比较时要正确看待自己，时常反思自己，认清自己是珍珠还是沙子。

很多人在与别人聊天时，话里话外总是"我怎么样""别人怎么样"，无形之中有着对比，强调着自身和他人的种种差异，给人一种很不舒服的感觉。一个人是自信、自负还是狂妄，主要取决于是否能够正确评估自己，是否可以正确看待自己。情商高的人，绝不会画地为牢，故步自封。他们有开阔的眼界，能够看到自身的优势，也能看到自己与他人的差别，并且从中找到努力的方向。在沟通交流中，他们不会盲目地高估自己的能力，低估他人的能力；不会通过贬低对方来彰显自己的优越；不会因为他人优秀而产生嫉妒心理；不会利用对手的缺陷使自己获胜，而是通过自己的实力战胜对方；不会斤斤计较某件事情是否公平，而是追问自己是否付出足够努力。当我们与这样的人进行交流时，谈话气氛是和谐、轻松的，双方达成共识的过程是流畅的，沟通的最终结果是互惠互利的。

一个人最难能可贵的品质，就是拥有自知之明，清醒而自信地生活着。与他人比较、与他人沟通，都要秉持正确的态度，不可自以为是，不轻贱自己，也不贬低他人。我们应该本着尊重差异的宗旨，妥善处理与对方的分歧，乐于倾听不同的声音，这样才能获取真实有用的信息，通过取长补短，让自己变成更优秀的人。

沟通这回事，不怕嘴笨，就怕胆怯

沟通时遇到问题，有时并不是话没有说好，而是没掌握好说话的尺度，没考虑好有些话到底该不该说，很多人都犯了“该说的话没有说”的错误。他们不想面对沟通的问题，不想面对他人听了自己的话之后的反应，多数原因是对自己不够自信，觉得自己口才不行、嘴太笨，一说话就露怯出丑。

卡耐基说：“世界上多数人并非败在了能力上，而是败给了不自信。”有的人本来能力很强，也得到了一定的认可，却因为不自信而产生怯懦心理，甘愿待在自己的舒适区中，而不愿意突破常规，获得成长与进步。这类人让恐惧感影响自己的判断力，因为害怕改变、害怕面对，所以问题的解决、人脉的经营都一塌糊涂，难以出人头地，难以取得成功，最后一事无成，彻底输掉了人生。

事实上，沟通这回事，不怕嘴笨，就怕胆怯。就拿演艺界来说，它就那么大，声名显赫的演艺人员一不小心说错话，就可能招来是非，甚至不说话也会被爆出各种新闻。

面对复杂多变的演艺界，即使演艺人员都因为嘴笨而“保持沉默”，恐怕也无法避开所有是非。这样倒不如放下内心的胆怯，勇敢站出来发表自己的观点。只要提到演艺界“敢说”的人，大家的脑海中肯定会浮现出一个响亮的名字——金星。她可是演艺界的“名嘴”，什么都敢说，什么都不怕。她曾在综艺节目《金星秀》里披露许多演艺界内幕，当红的演艺人员几乎都被她“批评”过。为什么金星老师如此“敢说”呢？我想，最主要的原因就是她放下了内心的胆怯，因为无所畏惧，反而威风凛凛。

罗斯福说：“我认为克服恐惧最好的办法是面对内心恐惧的事情时，勇往直前地去做，直到成功为止。”如果一个人做事总是找各种借口退缩，说话总是唯唯诺诺，害怕说错，又如何能够获得成功呢？沟通本来不是一件难事，如果处处给自己设限，说话总是担心这里，担心那里，恐怕沟通的难度就会因此而加倍了。多数情况下，并不是自己的能力不够，也不是自己的观点不对，说话没有感染力，而是内心胆怯，做事畏首畏尾，说话唯唯诺诺，才导致沟通不畅。在遇到难题的时候，就只想退缩或放弃，而不是勇往直前，大胆说出自己的观点，这样的人，又如何能够顺畅地与人沟通，如何坚持自己的观点，如何赢得好人缘与他人的认同呢？

其实，越是嘴笨越要努力抓住机会与人交流，被笑话又怎么样？出错了又怎么样？总比自己从来没有努力尝试过要好得多吧！无论是哪一种成功，背后都伴随着持续不断的努力，我们做事要勇往直前，要无所畏惧，要付出百分百的努力；说话要敢于发表自己的观点，敢于辩论和反驳，不怕嘴笨，就怕内心胆怯，不敢开口说话。

“敢说”并不是胡说，并不是说话不经过大脑，而是拥有明确的观点，有理不怕声高。当你摆脱了内心的胆怯，敢于发表自己的意见，并能用适当的方式表达出来时，自然就能成为高情商的沟通者。

第 4 章

内驱动力：为即时沟通赋予长远意义

人的内驱动力，就像沟通的“发动机”一样，能够为即时沟通赋予长远的意义。什么是内驱动力呢？就是想要将一件事情做好的欲望，是驱动我们不断前进的内心动力。当沟通问题出现时，内驱动力会马上起作用，为我们提供帮助和支撑，并且调动我们的积极性，让我们找到正确的沟通方向，不至于偏离主题，从而更好地解决问题。

马斯洛需求层次理论：你想要得到什么？

在与人沟通之前，你有没有思考过一个问题：你想要得到什么？

沟通要有明确的目的，才能有的放矢，有计划、有节奏地进行沟通。如果只是随意地进行沟通，东扯西拉，说了半天都没有重点，甚至不知道自己想要表达什么，那么只会浪费彼此的时间，最后变成无效沟通。因此，在沟通之前一定要有明确的目的，要知道自己想要得到什么、此次沟通想要达到什么样的效果等。

1943年，马斯洛提出了需求层次理论。他认为人有五种最基本的需求，这些需求是有层次的，是由低到高逐步得到满足的。

首先是生理需求和安全需求。生理需求也就是人类生存的最基本需求，比如水、食物、睡眠、呼吸等。如果这些基本需求没有得到满足，人类就无法生存及获得行动力。安全需求是指保障自身安全的需求，主要包括对人身安全，生活稳定以及免遭痛苦、威胁、疾病等方面的需求。马斯洛指出，人只有安全需求得到满足，才能建立自己的人生观。

其次是情感需求和尊重需求。情感需求主要包括两方面的内容：一是友爱的需求，也就是与身边的人保持友爱的关系；二是归属感的需求，即人都渴望得到归属感，希望自己是群体中的一员，并且与其他群体成员之间保持密切联系，互相照顾。尊重需求也有内部需求和外部需求之分，内部需求就是个人的自尊；外部需求就是他人对自己的尊重。

最后是自我实现需求。它是人类最高层次的需求，包括人生的理想、追求、梦想等，是指将个人能力发挥到极致，达到自我实现的境界。

马斯洛的需求层次理论问世后，历经时间与实践的考验，被广泛地引证与应用，其影响早已超出心理学的范畴，涉及诸多领域。从沟通的角度看，我们应该如何理解和应用马斯洛的需求层次理论呢？

第一，它可以帮助我们明确沟通目的。我们的内心需求是什么？对照思考之后，我们能够清楚地知道，自己正处于哪一个需求层次。当我们明确地知道自己想要得到什么，就能在沟通中有的放矢，朝着正确的方向前进。

第二，它还可以帮助我们更好地了解沟通对象。他们的需求是什么？如果处于生理需求层次，那么他们可能会对“金钱”的话题感兴趣；如果处于情感需求层次，那么他们可能更看重团队建设；如果处于自我实现需求层次，那么他们可能更喜欢谈论未来与梦想。

在现实沟通中也需要注意，沟通对象的年龄、学历、阶层和成长环境各有不同，其需求层次也不同，我们不能死板地按照马斯洛的需求层次理论对号入座。因为在多数情况下，各种需求层次相互交叠，当一个层次的部分需求得到满足之后，其需求重心就会发生偏移，而不是一个需求层次完全得到满足之后，再上升到另一个需求层次。另外，还存在一些例外的情况，应该根据每个人的不同特质以及现实情况来判断。

马斯洛的需求层次理论应用于沟通中的最大价值在于，能够让我们认识到某些现象的本质与共性，在搞明白其共性的基础上，再有针对性地去研究、理解个性问题，便能够更好地理解自己与他人，明确沟通重点与方向，从而让沟通更加顺畅。

推力：让别人按照你希望的方向前进

一位好友曾经问我：“假如一生只能拥有一种能力，你希望拥有什么能力？”

我当时刚参加工作，正为职场上复杂的人际关系苦恼，于是不假思索地回答说：“如果只能选择一种能力，那肯定是沟通能力！”因为当时我已经意识到，职场及生活中的种种难题，往往都是由“沟通不到位”引发的。

看看我们身边的朋友吧！有人工作好几年还拿着基本工资，与同事之间始终有隔阂，也从来没有得到领导的重视，甚至领导都不了解他们的能力。于是，他们只能埋头苦干，也越来越少与同事、领导进行沟通。有的人到了谈恋爱的年纪，遇到自己喜欢的人，主动开口，却只会说“在干吗”“吃了吗”。于是，他们被发了“好人卡”，或成为“备胎”。还有的人当众发言经常会出错，好不容易有一次登台演讲的机会，最后却仓皇失措，紧张得不知所云。

我觉得，造成这些情况的首要原因是沟通推力的不足。什么是沟通推力？它是由内驱动力衍生出来的一种无形力量，可以在双方沟通之时默默施加影响力，促使自己和沟通对象之间建立联系，让别人按自己希望的方向前进，让事情往自己计划的方向发展。简而言之，让对方产生心理认同并采取行动是沟通和交流的根本目的。

这种推力虽然源于内驱动力，却不一定完全来自沟通对象本身，它可以是来自外部（其他相关人士的内驱动力）的助力。比如，工作上的沟通，大多由公司安排，上层事先联系好沟通对象，自己只要跑腿就行了；生活中的沟通，可以通过熟人介绍，也可以手执一封介绍信，立即与沟通对象之间建立起联系。无论借助哪种形式的“外力”，都可以形成沟通推力，打开沟通的大门。

关于沟通推力，我们不妨从使物体从静止到运动的“第一推动力”里找一点点灵感，因为它们同样是由静到动的过程，也是化被动为主动的过程。对于那些刚毕业又没有人脉关系的人、接手某项任务又无从下手的职场新人、某些领域的开拓者来说，想要获得来自外部的沟通推力有些困难。“姜太公钓鱼，愿者上钩”的故事说明，等待沟通对象主动发言，算是一种“佛系”的沟通推力；而“毛遂自荐”的故事则告诉我们，抓住机会，主动出击，更容易获得强大的沟通推力。

前些年，“打工皇帝”唐骏爆红网络，他为了获得出国机会而主动出击、与人沟通的经历，给我们上了生动的一课。首先，他认真分析了当年的出国考试形势，然后给各个大学的研究生办事处打电话，询问各学校是否有多余的出国名额，却处处遭冷眼。可他丝毫不气馁，继续给北京各大院校打电话，咨询留学名额的事情。终于，北京广播学院（今中国传媒大学）的一位老师被他的执着打动，有些不确定地告诉他：“我们可以帮你把材料报上去，看教育部批不批。”并且给他开了介绍信，他欣喜地拿着这位老师的介绍信，前去拜访教育部国际合作与交流司的司长。连续几天，他都跑到司长办公的地方，早上对司长点头微笑说：“啊，您好，您上班了吗？”下午五六点，他又准时出现在那里，对司长点头微笑说：“啊，您好，您下班了吗？”就这么两句话翻来覆去地说，最终感动了司长，获得了去日本留学的机会。

可见，沟通的大门虽然难以打开，但只要善用沟通推力，就能一步步朝着既定的目标前进，最终心想事成。我们必须有执着的精神，没有达到沟通目的，绝不轻言放弃。我们还需要有强大的内心，在面对冷嘲热讽、困难和挫折时，能够勇往直前，无所畏惧。如此一来，沟通便会顺利地进行下去了。

反作用力：请别再相互伤害

每个人都是社会的一员，我们每天都要与人进行沟通，小到买东西商量打折、与房东协商房租，大到与老板商量薪资、买车买房等。人际交往的基础是语言上的交流沟通。沟通能够帮助我们传达思想观念，让他人接收到我们的信息，同时也对我们的信息做出反馈。我们对着山谷喊“我爱你”，听到的回声也是“我爱你”；我们对着山谷喊“我恨你”，那么听到的回声也是“我恨你”。世间有一个定律就是，你送出什么能量，就会得到什么能量。

这就是沟通的反作用力——在力学中，力总是成对出现的，其中一个力叫作作用力，与之对应的大小相等、方向相反的力叫作反作用力。正所谓“一言兴邦，一言丧邦”，在沟通中也是如此，良好的沟通能力可以促进人际关系的发展，不良的沟通能力会影响一个人的情绪状态，让人际关系陷入僵局，并且导致各种矛盾的出现，甚至损害自身利益，进而影响一个团队的命运。

沟通中的反作用力不胜枚举。比如，沟通中传播的负能量，往往会给他人造成极大的困扰，日后这些负能量也通常会回到自己身上，因为我们身边也会有人不断向我们传播负能量。如果你总是在背后说别人的坏话，或者总是喜欢批评别人，这种作用力最终也会回到自己身上，因为别人也会在背后说你的坏话，同时你也会受到别人的批评。再比如，如果你总是对别人说谎、欺骗别人，日后这种作用力也会回到你自己身上，当谎言破碎，被你欺骗的人会兴师问罪，或者以同样的方式欺骗你。

那些高情商的人，是如何避开这种反作用力的呢？

方法一：不要随便下定论，批评的话也要换种方式说

我们身边经常会出现这样的情况，妈妈对孩子说：“你太笨了，什么都学不会！”老板对员工说：“你工作能力太差了，这么简单的事情都做不好！”这样的沟通方式自然会产生反作用力，孩子可能会因此自卑，更不爱学习；员工可能会因此更不热爱工作，甚至直接离职。

情商高的人是如何表达的呢？

“孩子，你可以做好这道题的，再思考一下……”

“工作中出错很正常，你遇到困难可以及时与我沟通，我会让其他同事协助你完成。”

沟通中不随便下定义，换一种表达方式，不仅使问题得到了解决，还让对方认识到了错误。

方法二：用正确的方式表达内心的负面感受

很多人不愿意把内心的感受表达出来，而是憋在心里让别人来猜测。比如在办公室里，你希望同事可以安静下来，因为你正在写一份文案，但是当你有了这样的想法之后，却没有直接表达出来，而是眉头紧锁，焦灼不安。同事们继续吵闹，你感到越来越生气，于是大发脾气，将同事们臭骂了一顿。

这样的沟通方式直接导致同事远离你，因为你没有正确表达自己内心的感受，同事们也一头雾水，不知道你为何生气。这便是用错误方式表达内心感受所带来的反作用力。

附着力：主动跟进沟通结果

沟通的最终目的是达成某个目标，特别是工作及学习上的沟通——老板下达了某个任务，老师教授了某个知识点，这时如果没有主动跟进沟通结果，最后就有可能不了了之。

我见过很多这样的沟通，特别是与客户的沟通，起初可能谈得很好，但是由于沟通的后劲不足，后期没有主动跟进，最后的结果便差强人意。

在办公室里，我也时常会听到老板与员工之间这样的对话——

老板问："那个项目进展到哪一步了？"

员工说："我已经和客户谈过了，他说会回复我的，只是需要再等一下……”

老板有些生气，说：“那你为什么没有主动询问呢？”

员工委屈地说：“我不好意思催别人……”

这样虎头蛇尾的沟通，就像是一记重拳出击后，却没有持续发力、趁机连环出击一样，自然很难获得满意的沟通结果。这种持续发力可以被理解为一种沟通的附着力。《纽约客》杂志专职作家马尔科姆·格拉德威尔在自己的畅销书《引爆点》中提出了“附着力法则”，他认为附着力不会改变信息内在质量，而是使之进行某种微小的变化，导致流行。我想很多人都有过这样的经历，某个广告要看好几遍，才能将其内容完全记住。这也是广告行业的普遍法则，那些人们耳熟能详的广告，正是依靠信息传播的“附着力”实现全面推广的。

因此，我们可以将沟通的附着力视为在施展主要力量后的一系列小型发力，用以巩固沟通效果、推进沟通进程。沟通跟进是改善一切关系的必要环节，更多是为即时沟通赋予长远的意义，从良好的开端顺利发展到良好的结果，不至于让沟通出现“夭折”的情况。你的沟通对象每天需要处理的事务并不少，任何烦琐小事的介入，都有可能对你的沟通效果产生影响，要么使沟通进度过于缓慢，要么使你的沟通项目直接被搁浅，不了了之。如果没有及时跟进，就可能会出现“老板不问，下属不说；下属不说，老板不问”的尴尬情况。

所以在某些紧急情况下，我们应该对外及时跟进，对内管理进度。主动跟进沟通结果，能够让我们在杂乱无章、周而复始的工作中，让自己变得高瞻远瞩，让沟通的附着力发挥最大作用。比如，为了更好地表示我们对对方的尊重和对这件事的重视，为了便于随时了解对方的真实意图，也为了给自己增加存在感，全方位、多形式地跟进必不可少，电话、短信、邮件、即时通信软件等都可以加以利用，要保证每个星期至少有一次后续沟通。

Tips：利用“SMART”原则搭建沟通机制

在“SMART”原则中，S 指的是 specific（具体的），M 指的是 measurable（可衡量的），A 指的是 achievable（可行的），R 指的是 relevant（相关的），而 T 指的是 time（时限）。记住这几个决定性元素，将其融入你的沟通内容与沟通过程中，就能够使沟通的附着力持续起效。

吸引力：在行星世界里做一颗恒星

我们知道，宇宙中的行星都是围绕着恒星运转的，太阳就是一颗恒星，发光、发热，而且充满了吸引力，太阳系的八大行星都围绕着太阳运转。

在沟通过程中，我们也要努力让自己变成一颗恒星，吸引更多人围绕在自己身边，这样才能让自己赢得更多好感，也让沟通变成一种享受。在沟通中增加吸引力的方法有哪些呢？

好的开场白：在沟通的前 15 秒吸引听众的注意力

哲学家柏拉图说："好的开始是成功的一半。"日常沟通中，说好第一句话至关重要，这是给对方留下好印象的关键，是社交成功的第一步。

1957 年，美国心理学家洛钦斯做了一个非常有意思的实验。他写了四篇不同的短文，分别介绍了一个名叫布朗的人。第一篇短文整篇将布朗描写成一个开朗、友好的人；第二篇短文的前半部分将布朗描写成一个开朗、友好的人，后半部分则说布朗是一个孤僻、不友好的人；第三篇和第二篇恰好相反，前半部分描述布朗是一个孤僻、不友好的人，后半部分却说布朗是一个开朗、友好的人；第四篇短文则整篇将布朗描写成一个孤僻、不友好的人。

然后，他让四组人分别阅读这四篇短文，最后评估布朗的为人究竟是否友好。评估结果显示，阅读第二篇短文的人中，把布朗评估为友好的占 78%；而相反，阅读第三篇短文的人中，认为布朗友好的仅有 18%。在该实验中，第二篇和第三篇短文的内容相同，只因前后顺序改变了，就出现了完全不同的结果。换言之，信息呈现的顺序可以改变人们的观点与看法，这就是心理学上所说的“首因效应”。

首因效应就是指个体在社会认知中，通过“第一印象”最先输入的信息对之后的认知产生的显著影响。这种效应是由第一印象引起的一种心理倾向，很多人称之为“第一感”。在与他人进行初次交流时，首因效应发挥着重要的作用。那些沟通高手总能通过前几句话甚至第一句话就给对方留下深刻的印象。

这个理论与哈佛大学的研究数据是相符的：人们见面的前 30 秒印象就奠定了随后的 15 分钟甚至半年的印象。比如，人们观看某教师的讲座视频片段 30 秒后，就可以评估这位教师的教学水平，而这种评估 80% 都是准确的。

开场白所传递的信息，在很大程度上决定了他人对你的评价。如果你一张口就结结巴巴、语无伦次，对方则对你印象不好，也没有和你继续沟通的兴致。一段好的开场白，能够拉近两个陌生人之间的心理距离，能够引起对方的好奇心，激发对方的聊天欲望，还能够体现出自己的学识、能力、风度、志趣等，让你接下来的论述充满吸引力，既给双方的初次沟通营造了一个好的氛围，也为后期的交往做好铺垫。

我看过很多关于演讲的书籍，书中通常将沟通的开始 15 秒称为“沟通坡道”，只有通过这个“坡道”，沟通双方才能站在同样的高度，从而实现平等的、以心换心的交流。“沟通坡道”的主要作用有三点：一是吸引对方的注意力；

二是拉近对方与自己的关系；三是激发对方的期待心理。如果你能够在沟通的前15秒做到以上三点，那么接下来的沟通自然水到渠成。

好的结束语：不仅极具吸引力，还会让人回味无穷

心理学家将沟通中的开场白与结束语称为“记忆符号”，一个人对某事件的记忆与印象都会受到“记忆的系列位置”的深刻影响，而一件事情从发生到结束的整个过程中，开头和结尾是最重要的两个“记忆符号”，它们甚至会起到影响整段记忆的作用。

很多人肯定有过这样的经历：和同事初次见面，本来谈得好好的，他的开场白拥有足够的吸引力，你对他的第一印象也很好，甚至认为他是一个有修养、有学识的人，但他在聊天结束时接了一个电话，嘴里突然蹦出一句脏话，你对他的所有好印象一下子便消失殆尽。

可见，想让沟通产生吸引力，不仅要有一个好的开场白，还要有一个好的收尾，最好能够给对方留下想象和思考的空间，达到一种“言有尽而意无穷”的效果。这样的沟通才拥有足够的吸引力，也能让沟通对象对下一次交流充满期待。

互利吸引力、互补吸引力和异性吸引力

在沟通过程中，如果双方可以互利、互惠、互补，往往就会产生强烈的吸引力。这种互利、互惠关系，可以表现为爱情互利、品格互利、利益互利、合作互利等。互补是指能力专长、品格特征、利益需求以及思想观点等几个方面的互补。而异性吸引力比较好理解，就是沟通双方为异性，尤其是年纪相仿的单身男女，很容易就被对方的言谈所吸引。

在沟通中加入一些“特殊词汇”，也能够增加沟通的吸引力。比如在沟通中时不时加入“免费”“健康”“快速”“专家”等词汇，便能很好地吸引部分听众。这也是人之常情，无论贫穷富有，都对“免费”感兴趣；无论年轻或年老，都很重视自己的“健康”。当沟通对象被这些词汇所吸引时，沟通也就成功了一半！

第 5 章

精准沟通：把话说给对的人听

“见人说人话，见鬼说鬼话”这句话在一定程度上告诉我们，看对人说对话的重要性。如果我们在沟通对象的选择上出了错，就会给正常沟通带来很大的困扰，进而导致失去某些宝贵的机会。把话说给对的人听，在特定的人面前说适宜的话，这两件事同等重要。

从五个维度了解对面的人：见什么人说什么话

沟通也讲究“变则通”，要灵活地运用沟通技能，而不是千篇一律、机械化地沟通。

社会交往中，我们不可能永远处于相同的环境或场合中，每天只与相同的人进行交流，说相同的话。现实的情况是，我们总会置身于不同的环境或场合中，与不同的人进行交流，说不同的话。因此，过分强调“经验主义”，往往会让沟通陷入困境。

我们必须学会“到什么山唱什么歌”，见什么人说什么话，面对不同类型的人，要根据不同的情况采用不同的沟通方法。假如不分场合，不分人群，通通采用同一种沟通方法，定然无法获得沟通能力上的进步，甚至会闹出笑话。毕竟同一种沟通方法不可能一直行得通。

拥有一定沟通经验的人，肯定不会犯这种常识性的错误，在面对不同的环境、不同的沟通对象时，表达方式也应该不一样，千万不要盲目地在“雷区”中行走。比如，与单身小姑娘聊育儿经，与男同事聊化妆美容，与长辈聊娱乐新闻，等等，这些都不合时宜、不合身份。

在开口之前，我们要先做好沟通对象的选择，根据以下五个维度，了解沟通对象的特点，量体裁衣地选择要聊的话题，想清楚说什么、怎么说，再开始交流也不迟。

维度一：对方与你的相对关系

在沟通中，要根据说话的对象来选择说什么话。

小白和小果是多年的好朋友，也是上下级关系。小白是连锁店老板，小果是店长。

小白：“你最近忙什么呢？也不给我打电话！”

小果：“我天天帮你卖货，为你挣钱呢！要不你怎么能这么悠闲，到处游山玩水，尽情享受，也不关心我的死活。”

小白：“不跟你废话了，咱们聊点正事儿，店里最近要做一个促销方案……”

小果：“那你快点，我这儿正忙着呢！别卖关子！”

小白：“你急什么啊，是这样的……”

由于双方首先是朋友关系，然后才是上下级关系，而且都是开朗活泼的性格，所以可以用这样的方式进行沟通。如果两人仅仅是上下级关系或者合作关系，那么，说话的语气就会截然不同，要用客气、恭敬的态度来沟通。

小白：“小果，你好，我是小白。”

小果：“老板，您好，最近忙吗？好久没见您了，突然找我，是有什么事情吗？”

小白：“是的，我准备给店里做一个促销方案，和你谈谈。”

小果：“好的，老板，那具体是一个什么样的方案呢？”

小白：“是这样的……”

维度二：对方的认知

面对不同的人，说的话要有所不同，要说与对方身份、职业相近的话题。比如，你在路上遇到一个农民，你和他聊整形美容，那完全是“对牛弹琴”，对方也没法应答。倘若你说："大叔，今年地里收成如何啊？每亩地产量能达到多少啊？"那么话匣子一下子就打开了，他能和你聊个没完没了。再比如，你和一个大学生聊天，话题尽是物价和房子，可想而知，你将会置自己于尴尬的境地中，因为没踏入社会的学生对你的话题了解不多。

维度三：对方的痛点

面对不同的人，要想把话说到让他们满意，除了要"投其所好"外，还要注意"避人所忌"。

每个人的心里都有自己的秘密，我们要尊重别人的隐私，不要觉得彼此关系好，就可以无所顾忌。在与别人交谈时，切忌随意提及别人的隐私、别人不愿意讲的事情，这样，别人会觉得你有基本的礼貌，愿意与你交往下去。若你鲁莽随意，不顾及他人保留隐私的心理需求，盲目触及别人的"雷区"，不仅不能顺畅地进行沟通与交流，而且别人对你的印象也不会太好，进而会损害你的人际关系。举个简单的例子，别人不方便向你透露年龄和婚姻状况时，你如果一直刨根问底，想知道个究竟，肯定会引起对方的反感。

另外，和别人交谈时，要留心对方的情绪，话题不要随意触及对方的“情感禁区”。比如，在对方工作或生活上正遭受某种打击，情绪很低落的时候，你说话要有分寸，回避对方不愿意提及的伤感话题，以免对方因此更加烦闷，进而影响双方的交流和人际关系。当别人正处于高考失利、某项业务没有谈成、某次升职没有成功或者某次努力后的结果未能达到预期的境遇时，如果不顾及对方的意愿主动询问，对方难免会对你产生不好的印象，对与你谈话也比较排斥，以后也不愿再和你有更多交集。

所以，当对方在生活中遇到某些不如意的事情时，要避而不谈或者及时转移话题避免尴尬。

维度四：对方的性格

与性格内向的人沟通，说话要谨慎，注意措辞。性格内向的人往往比较敏感，爱多想，稍不注意，就容易碰触对方的底线。和他们沟通时，一定要反复思考，有分寸、有礼貌地去表达，不能想什么说什么，不然很容易给沟通带来问题。

与性格沉闷的人沟通，不要一个人说个不停，如果对方沉默不言，你说再多也不知道对方想什么，是否认同你的观点，是否愿意继续这个话题。最好的方法就是创造二选一的选择题，让对方来选择，对方只需要选择“是”或“不是”，或者选择“A”或“B”，即可。

与内心脆弱的人沟通，要注意他们的心理感受，给他们更多的鼓励。这一类人遇到难题容易打退堂鼓，这个时候，我们要多给予鼓励与支持，增强他们的抗挫能力。

与性格冷漠的人沟通，要有耐心。这类人不善言谈，不懂得如何表达自己。和他们沟通，一定要有耐心，给他们更多时间，也不要随易敷衍他们，不然很难沟通下去。

与性格古板的人沟通，要找出他们的兴趣点。有时不管你多么热情，说得多么富有激情，这种人也不会做出什么反应。他们比较有主见，因此在交流时不要着急给他们下结论，应仔细观察他们的言行，找出他们的兴趣点、他们所关心的问题。一旦他们对你的话题感兴趣，沟通就能顺利进行了。

与性格傲慢的人沟通，要专业自信。傲慢的人往往只相信自己心中认定的观点，习惯性地对别人的观点嗤之以鼻。

这时候，我们要充满自信，用专业干练的语言阐明自己的观点，避免啰唆。

与性格固执的人沟通，要给予充分的理解。性格固执的人比较墨守成规，很多时候即便知道自己错了，也依然坚持到底。所以，与他们沟通时要给予充分理解，不要试图去改变他们的思想，要学会求同存异。

与性格直爽的人沟通，要言简意赅，直奔主题。性格直爽的人，大多喜欢直来直往，不喜欢沟通时拐弯抹角，半天说不到重点上。

与性格草率的人沟通，要分段明确交流。草率的人反应很快，很多时候并没有真正明白你所说的意思，或者根本就没听清楚你说的是什么，便断章取义，匆匆做了决定，也很容易后悔。为避免这种情况，沟通时要清楚明确地分段说，得到对方明确答复后，再继续交流。

与慢性子的人沟通，要有足够的耐心。慢性子的人凡事都不着急，语速也比较缓慢。这时候你就需要有足够的耐心，跟着对方的节奏来沟通与交流。

维度五：对方的年龄与性别

与比自己年轻的人或者同龄人沟通，在礼貌、尊重他人方面，一般不会有大的问题，唯独和年长者之间的交流是最难的。这主要是因为年轻人处世经验少，社会阅历不丰富，又有很多新思路、新想法，更有着初生牛犊不怕虎的勇气；而年长者，社会阅历丰富，为人处世老练，做事思虑周全，比较稳重。双方在很多观念和事务上容易产生分歧，年长者容易以资历和经验来说教，年轻人觉得他们跟不上时代潮流、思想不进步，等等。这个时候，双方最好能彼此尊重，互相理解，换位思考。

在与异性沟通时，不仅语言要谨慎，行为举止也要谨慎，否则他（她）会误以为你在表达其他的意思，可能会对你保持警惕，这会严重影响沟通的效果。要学会赞美异性，没有谁是不喜欢被赞美的，被赞美意味着被肯定，对方也容易树立自尊心和自信心。为避免双方尴尬，还要试着去寻找合适的话题，让彼此有话可说。同时，要注意观察细节，聊对方感兴趣的话题，这样才能让沟通更顺畅。

掌握贝尔宾团队角色理论：对什么人说什么话

我看过一期叫《非常完美》的综艺节目，里面有一位女嘉宾给我留下了深刻的印象。她的样子甜美可人，与参加该节目的大多数女嘉宾相差无几，没有什么特别的，让我印象深刻的是她的口才，面对台上风格迥异的男嘉宾，她居然能从容应对，和每一位男嘉宾都相谈甚欢。

她完美地诠释了“对什么人说什么话”的沟通技巧。那一期的节目播出之后，她得到很多网友的喜欢，毕竟美貌与口才并重的女生并不多见。我也很欣赏她的口才，她让我想起了《红楼梦》中的王熙凤，王熙凤在协理宁国府时与不同的人打交道，不管是对上还是对下，她都能够做到游刃有余，左右逢源。试想一下，面对不同的人，仍旧能应答如流、从容不迫，这样的沟通能力怎么能不让人钦佩，并且印象深刻呢？在现实生活中，我们每个人都处在多维度、多层次的关系网里，因为时间、地点、沟通对象的不同，自身的角色与身份也会发生变化。这就决定了我们必须学会随时转换角色和思维，跳出“非此即彼”的固定模式。只有让自己的言行举止符合自己当前的身份地位，不管是称谓、措辞，还是语气与表达方式都不失身份，才能给对方留下举止得体、表里如一的良好印象，由此达到最佳的沟通效果。

贝尔宾博士和他的同事们经过多年研究和实践，提出了著名的贝尔宾团队角色理论，即一支合理的团队应该由八种角色组成，后来修订为九种角色。每个人都扮演着不同的角色，担负着不同的职责，在不同的位置做不同的事、说不同的话，来维护团队的和谐，提高做事效率。这些角色分别如下。

智多星：团队中的智慧化身，能够给团队带来新想法、新计划的人。智多星说话时必须尽可能地展示自己的学识与创意，不能说陈词滥调，必要之时，还要引导其他成员进行多维的、深度的思考，并在关键时刻提出画龙点睛的观点。

审议员：智多星提出想法后，由审议员来进行评估。审议员说话时必须以事实为依据、以数据为准绳，不能夹杂太多的私人情感和主观意见，一言一语都要公平、公正、公开，不偏不倚，以理服人。

协调者：团队成员是充满潜能的，协调者负责挖掘并发展他们的潜能。协调者说话时必须理性与感性并重，理性能让其准确指出其他人的优点和缺陷，感性能让他透过现象看到本质，从中找到别人看不到的闪光点，并在团队发展停滞不前或团队产生内部矛盾时挺身而出，发挥和事佬的作用，让一切回归正轨。

执行者：切切实实的行动派，负责完美推进工作进程。执行者说话时必须注重描述事实，能够准确把握各种数据、时间节点，言必行，行必果，不能轻易许诺一些自己无法做到或没有把握做好的事情。

完成者：一位完美主义者。完成者说话时必须严谨、务实、有规划，善于发现弊端与隐患，也能够给出建议和意见，甚至有时候要勇于在鸡蛋里挑骨头。

外交家：外交家对团队内部的局面和外部的需求都了如指掌。外交家说话时必须左右逢源、滴水不漏，懂得“说一句，留一句”的智慧，假话不说，真话不全说，在各种场合、各种复杂情况下都表现得收放自如、游刃有余。

鞭策者：在士气低落时，鞭策者让团队充满了动力。鞭策者说话时必须时刻饱含正能量，使用鼓舞士气的词语和语气来振奋人心，同时保持一种充满希望的精神状态，用自身魅力感染整个团队。

凝聚者：凝聚者创造良好的氛围，加强团队内部沟通。凝聚者说话时能够照顾到所有人的利益、需求与情绪，在信息上传下达的过程中寻找到一个平衡点、凝聚点。

专业师：专业师是专注的。他们会为自己获得专业技能和知识感到骄傲。由于专业师们将绝大部分注意力都集中在自己的领域，因此他们对其他领域所知甚少。

核心导向：重视反馈，效率优先

在工作中，我们经常会听到同事们抱怨不是自己工作没干好，是领导没说清楚；而领导又觉得自己已经指示得非常清楚了，是员工的工作能力差，遇到问题也不及时反馈，所以导致工作结果出现问题。

小赵是公司媒资部总监助理，领导让他把上个月公司的媒资情况汇总整理成报表交过来。小赵满口答应，立刻去电脑旁工作。可当他看到上个月林林总总几十个表单时，立刻傻眼了。领导是要报表中的哪些项呢？是要已经上线的媒资还是所有的媒资呢？有问题的媒资需要统计在内吗？是各项都列在一起，还是分几个表列呢？是按周整理数据，还是按月来整理呢？

小赵想去问问领导，又怕领导说自己这点小事都干不好，还需要再问第二遍。他心想："领导刚才也没要求报表具体是什么样，那我就分类别、分周、分上线情况来整理吧，这样不仅数据完整，领导想看到的信息都在里面，还体现了我工作认真细心、考虑周全。"本以为只是一个简单的表，结果小赵整理了两个小时才做好。他非常自信地把一份密密麻麻的报表交给了领导，想着领导肯定会夸奖他做得全面、做得好。

谁知道，领导看完之后，气得把报表扔到一边，大声对他说："你知道什么是画蛇添足吗？你知道什么是简单明了吗？我要的报表不需要这么多项，也不需要这么多零零碎碎的数据。你这做得太乱、太杂，把信息毫无逻辑地整在一起，让我怎么看？想要的数据翻了半天也没找出来。"小赵感到特别委屈，心想："你自己也没有把报表的要求说清楚啊，我辛辛苦苦整理了一堆数据，却被批评得一无是处。"

那么，造成这种局面的责任完全在于小赵吗？不是的，领导和小赵双方在沟通时都存在问题——两个人都没有认识到反馈的重要性。

在普通人看来，沟通就是简单的“你一言，我一语”，或者“你说我听，我说你听”。事实上，沟通有一个等式关系，就是“沟通 = 表达 + 倾听 + 反馈”，其中表达和倾听都很好理解，反馈是指什么呢？反馈就是语言信息传递出去之后所得到的结果。反馈有两种：一是正面反馈，也就是赞同对方的观点，理解并且给予积极的回应；二是建设性反馈，也就是你认为对方的观点还可以改进，你可以给对方良好的建议。

有表达，有倾听，有反馈，才是完整的沟通过程。在工作与生活中，大多数人只注重表达和倾听，很多时候以为自己听懂了，而忽略了反馈，小赵和领导都是如此。首先，领导没有明确告诉小赵他想要的报表是什么样子的、里面要涵盖哪些内容，这项任务下达的并不明确；其次，小赵在接受任务时，满口答应，并没有问清楚这项任务的要求是什么、自己要做的是一个什么样的报表；最后，当小赵发现一大堆数据，不知道从何下手的时候，也没有主动去找领导确认具体要求和细节问题，由此导致双方都浪费了时间和精力，工作效率却是零。

由此可见，当我们进行沟通，特别是一对一的沟通时，不能只是简单地完成说与听的流程，把话说给对的人听，并不能代表整个沟通过程都会顺利进行下去。我们必须重视持续交流，发挥出反馈的作用，一定要学会反复地确认，及时纠偏、查缺补漏，让信息传递更加精准，这样才能最大限度地提升沟通效率。

Tips：反馈失败的表现

※ 没有及时回应你的问题或需求

遇到这种情况，我们要对自己是否正确理解对方的意图进行反馈，要对具体的事情进行反馈。

※ 反馈不具体、不明确

没有明确表明观点，不能让对方完全理解的反馈，或是表达的内容模糊不清、让人感到模棱两可的反馈，都是无效反馈。

※ 反馈带有主观色彩

着重描述事实，对具体的事情或行为进行反馈，才是有效的。仅仅是对当事人进行判断和评价，则属于无效反馈的一种形式。

漏斗效应：如何避免信息的衰减与失真

国庆节，朋友一家准备带孩子们去山里玩几天，朋友的妻子打电话给他，让他提前收拾行李。他妻子说：“你把大家需要吃的食物都装一下，柜子里的洗漱用品，选一些需要用的也装起来，还有孩子们的玩具，也挑几种带着。”然而，他妻子回到家一看，气不打一处来，吼道：“你怎么就只收拾了吃的，用的和玩的怎么不收拾呢？你就惦记着吃的了。”“你说的太多了，我都没记清楚。”他回答道。“那你收拾吃的也不能只拿零食啊，饮料、牛奶和水果呢？怎么都不收拾啊？”“我想着吃的嘛，带点零食就可以了。”无奈，他妻子只好自己一样样收拾起来。

这就是典型的漏斗效应：一个人心里所想的是100%，表达出来的有80%，对方能听到的是你心中所想的60%，对方能听懂的只有40%，最终执行了20%，漏掉20%，就像漏斗一样。沟通中的漏斗效应也体现出了人与人沟通时存在的客观障碍。信息量越大，传递信息的人员越多，这个效应就越明显，信息越容易衰减与失真。

在消息的传达过程中，口口相传，最容易出现偏差和错误。例如：公司人事告诉小李，跟你们部门的小红说一下，让她明天去东区阳光大厦的2号楼5单元7楼行政部李主任那里办理自己的人事档案，让她带上相关材料。小李到办公室一看，小红不在座位上，就让小红座位旁边的小江转告小红。小李对小江说："你告诉小红人事让她明天去阳光大厦7楼找李主任办人事档案。"等小红回到座位上，小江对她说："人事让你明天拿上材料去阳光大厦办人事档案。"小红问："阳光大厦那么多层，我去几楼几号房间啊？去了到哪个部门找谁办啊？需要拿什么材料啊？"一连串的问题把小江也问懵了。最后，小红直接跑去问人事才弄清楚。经过几方传达，有效信息在一点点减少、一点点漏掉，到最后可用信息已经很少了。

那么，如何有效避免这种漏斗效应呢？

使用多种沟通渠道

保证接收者有机会通过不止一种方式接收信息，我们可以通过邮件、面谈、会议等多种方法传递重要信息，尽量确保对方能够完整地接收并准确理解这些信息。

详细描述，多举例子

为了尽可能地让我们传递出的信息是具体的、完整的，也为了让接收者更好地理解我们的沟通意图，我们可以提供充分的背景信息和相关事例，毕竟这些信息的主题在接收者看来是崭新的、陌生的。

主动要求接收者反馈

要想确保接收者对这些信息真正清楚明白，我们还应该通过主动提问的方式来证实一下，审查一下是否出现了漏斗效应。同时，再佐以察言观色，通过观察接收者的表情、动作、情绪，确认一下他们是否正确理解了我们的态度、观点和感觉。

攻心为上：讲出对方最感兴趣的故事

当你长篇大论、喋喋不休的时候，难道没有发现对面的人正在打瞌睡吗？是对方不想听你说话，还是你的谈话内容毫无吸引力呢？这个时候，你是不是要赶快寻找对方感兴趣的话题作为切入点呢？只有对方对你的话感兴趣，才会认真听你说了什么。

在开口之前，我们可以先了解对方的兴趣爱好，使话题围绕这点展开。有的人爱写字，有的人爱画画，有的人喜欢舞蹈，有的人喜欢下棋，有的人爱好旅行，有的人喜欢宅在家……虽然每个人的兴趣不同，但有一点是相同的，那就是都喜欢和别人谈论自己喜欢的、感兴趣的事情。那么我们就以此作为突破口，让对方主动说话且乐于沟通。

假设一下，在一次漫长的火车旅途中，你旁边坐着一个中年男人，你试图和他聊聊天打发一下时间。你指着他手边的杂志说："这是最新的时尚杂志吗？""是的。"他回答。你接着说："这次旅程真是长啊，漫漫旅途很是无聊。"他随口答："谁说不是呢！""我没来过这个城市，听说这里的小龙虾做得很地道，夏天正是吃小龙虾、喝啤酒的季节。"你继续说道。"对啊。"他略微有些敷衍地回答着。

你仍没放弃，接着说："这个季节很适合去青海湖，那里的风景是相当漂亮，自驾游的话最合适，走走停停，看看风景，晒晒太阳。""你也喜欢青海湖？那里简直太美了！"他的兴致一下子来了。"是的，我特别喜欢那里的风景，在那儿迎风骑行特别惬意舒服。""随处可见的牛羊，还有触手可及的白云，空气都是清新香甜的。"他说道。于是你们两人聊了很久。

刚开始，对方惜字如金，根本不愿意多说，显然，话题并不合他的心意，他不想继续聊下去。可当聊到他感兴趣的话题时，他就滔滔不绝地讲起来，聊天也变得十分愉快。每个人在成长过程中，都会建立起属于自己的心理体系，同时也都具有一些相同的心理特质，比如都具有好奇心、自卑感和自信意识等。或许我们之前对沟通对象并不了解，但通过一来二去的交流、巧妙试探，都能大致摸清对方的兴趣点，然后顺势把话题引入其中，激起对方的交流欲望，此时，我们的沟通就成功了一大半。

我身边曾发生过一件很有意思的事情。周末我和朋友一家一起去公园玩耍，朋友家有一个五岁的男孩叫豆豆，这个小家伙淘气极了，上蹿下跳的，下台阶时不小心磕到了嘴巴。他咧着嘴，哭丧着脸，眼泪在眼眶里打转，看样子马上就要大哭起来。这时候，他的爸爸蹲下来，对这个小家伙说："我给你讲一个关于另外一个也叫豆豆的小朋友的故事吧。他是我之前在街上碰到的，年龄只有三岁半，是一个非常勇敢坚强的宝宝。我亲眼看到他头朝下摔在地上了，落地的声音很响亮，我想他一定疼得要哇哇大哭了，谁知道他竟然揉揉摔疼的脑袋，一边站起来一边说：'只是有一点点疼，我不哭，哭了就不坚强了。'说完，他又一个人继续玩去了。我想这个叫豆豆的小朋友长大了也一定是个很了不起的人，是个坚强的战士。”小家伙的爸爸讲故事的时候，小家伙瞪着圆溜溜的眼睛注视着爸爸，认真听着这个同样叫作“豆豆”的小朋友的故事，等他听完“豆豆”勇敢的行为后，也忍住了哭泣。

豆豆为什么会这么认真地聆听呢？第一，故事里的小朋友也叫“豆豆”，让他觉得好奇；第二，豆豆对这个话题非常感兴趣，因为他刚刚也摔倒了，和故事里的情形是一样的。围绕着沟通对象及其感兴趣的事情展开话题，更有助于铲除沟通障碍、引领沟通方向、实现沟通目标。

而且，想要更好地运用这种攻心战术，你也需要像这位爸爸一样，讲出一个引人入胜的好故事。在上面的故事中，有人物之间的对话，有描述和叙述性的语言，还有内心独白，它们的存在，让简单的话题变得丰满，让枯燥的劝导变得生动。可现实是“看花容易绣花难”，不是所有人都是讲故事的高手。或许别人讲故事时绘声绘色，充满了吸引力，而同一个故事从自己口中说出来，就变得干巴巴的，味同嚼蜡，根本无法吸引他人的注意力。

所以，要想提升口才，在交流时迅速抓住对方的心，我们应该多多练习讲故事，找到速成诀窍。比如，我们在讲故事时，要掌握故事中的人物性格、情节变化，语言要口语化、生动形象，而且要根据沟通对象的实际情况对故事进行适当润色和修改，依据个人知识、心理及年龄的差异随时调整，切忌生搬硬套、照本宣科。在讲故事的过程中，再配上相应的表情和动作，用自己的情绪去影响对方，使其产生共鸣，这样更能取得富有感染力的沟通效果。

换位思考：考虑少数人的感受，左右逢源

大多数人在社交中容易受“多数原则”的影响，只关注大多数人的需求，而忽略了少数人的心理诉求，对他们的心理变化不闻不问。殊不知，少一颗螺丝钉，可能会让一台汽车产生故障，从而造成一场事故，伤害多个家庭。同样，忽视“少数人”的感受，可能会破坏整个沟通氛围。

我们常会看到以下场景：

一群闲聊的人，其中几个人共同经历过一些事，关系比较好，另外一两个人则没有经历过。这几个人总是聊他们经历过的那些印象深刻的事情，或者他们所熟知的人，而且聊得特别投入、眉飞色舞，全然不顾另外的同伴。此时，那一两个人

就被搁置在一边，完全插不进话，感觉自己被忽视、被排斥。

一次同事聚会，小云和几个同事都是老乡，而另一个同事是外地的，在语言上多少有点沟通障碍。只见小云和她的老乡们用方言叽叽喳喳说个不停，聊得热火朝天，而另一个同事听得似懂非懂的，也插不上话，只能一个人坐在一边，陷入尴尬无聊的境地。

一场同学聚会，有的人是带着家属一起过来的。老同学们见面寒暄过后，只顾着聊当年班级里的那些人、那些事，聊到开心处不时大笑，但家属们却无法参与他们的话题，彼此可能也不认识，三三两两地被冷落在一边。

其实，大家聚在一起，抱团闲聊是无可厚非的，但是也要多照顾一下身边无法融入氛围的那些人的感受。我们可以选择一些所有人都能参与的话题，讨论一些能让人产生共鸣的事情，这样一来，沟通氛围就会好很多，不至于让少数人因为被冷落而感到格格不入和尴尬。

顾及少数人的感受，实质上就是要懂得换位思考。

我记得有一次演员马思纯在自己的微博上发表了一篇文章，是关于张爱玲的小说《第一炉香》的读后感，本来是想走一走“文艺风”，没想到却被网友指出她的感想跟小说的内容根本没什么关系。随后，众多网友纷纷指责马思纯，说她写的文章漏洞百出，劝她“多看原著”。

一时间，马思纯被扣上“伪文艺”的帽子，甚至还有微博“大V”发文嘲讽她。马思纯心里委屈，却仍旧发文说：“感谢指正并虚心接受，但不会因为害怕犯错而放弃分享。”

马思纯“被嘲”事件迅速升温，还有网友扒出其他演艺人员的文艺“翻车”现场，大家开始热烈讨论——演艺人员大多都是“假文艺”，有真才实学的演艺人员寥寥无几。

当我看到这些讨论时，心里在想一个问题：读书没有错，指正错误没有错，那错在哪里？作为公众人物，演艺人员身上仿佛自带光环，人们总是将内心“最高的标准”放在他们身上，只要发现他们哪里做得不好——做错一点事，或者说错一句话，甚至某个动作失误，都会去批评和指责。而事实上，演艺人员也是普通人，不可能完美无瑕。

因为缺乏换位思考，所以大众无法理解一位公众人物犯下的小错误。而我想说，就算是国学大师，或许也曾在传统文学的领域内犯过一些常识性的小错误。那么我们又为何要去大肆批评一位青年演员所写的读后感不够严谨缜密呢？

同样地，公众人物也应该学会换位思考，加强自身的文化修养，更加注意自己的行为举止。如果我们能在人与人的交往沟通中，尽可能地做到细心观察、将心比心，站在对方的立场上体验和思考问题，就更容易和对方在情感上产生共鸣，理解和接受对方的所思所想。这样，双方更容易达成共识，提高沟通效率。

公司年会上，同一桌上的部门经理们都在讨论着本年度的业绩，只有李东和毛哲闷闷不乐地坐着一言不发。大家神采飞扬地说着话，他俩恨不得立马逃离这里，因为他们没有完成本年度的任务考核，还因此被扣了绩效工资。心思细腻的王尔一眼瞧出了问题所在，马上把话题扯到了生活趣事上，大家也就结束了工作的话题。王尔一句话帮李东和毛哲二人化解了尴尬，二人低沉的情绪也得到了缓解。此后，二人和王尔的关系近了许多，在第二年的工作中，王尔几次遇到困难，都是他们两个伸出援手，帮他渡过难关的。

可见，顾及别人的感受，是对别人的关心和尊重。这种推己及人的交往态度，是拉近彼此距离的最好方式，也是我们纵横职场、维护友谊的最佳技巧。

第 6 章

话术：人们会根据你的表达来定义你

“信息”和“沟通”这两个词经常被互换使用，不过它们的意思却不尽相同。“信息”仅仅意味着将内容说出来、展示出来，让对方感知到，而“沟通”则是让对方理解这些内容，并且采取行动。实现从“感知”到“理解”、从“理解”到“行动”的转变，话术在其中发挥了不可低估的作用。话术用好了，可以让你出色；话术用不好，也可能让你出局。

直话弯说，掌握两个黄金法则就够了

一个人说话直来直去，能够显示其性格，或真诚，或鲁莽，就像硬币的两面，并没有绝对的好，也没有绝对的坏。但我们不能将自己的思维简单化，把一些不该说的话说出来。特别是在指出他人不足、提出意见和建议时，话说得太过直白，反而收效甚微，甚至会影响双方关系。

实际上，很多时候我们都没必要直接把话“说透”，选择直话弯说，委婉地表达自己的意思，才是最佳的说话方式。此时直的是人心，弯的是策略，侧面迂回的方式更符合大众心理，也是人际交往的制胜之道，不知不觉间会帮助我们建立更为和谐的人际关系。

掌握以下两个黄金法则，你就能把难以启齿的话说出来，把别人不愿意听的话说到对方的心里去。

黄金法则一：不走寻常路

一位富有的商人有一个漂亮的农场，里面设施齐全，很适合休闲度假。每到节假日，总有很多人来他的农场野餐、放风筝、搭帐篷、摘花、采果子，把农场里弄得一片狼藉，垃圾丢得到处都是。这位商人的助理看不过去，让工人们在农场附近围上栅栏，并在四周挂上“私家农场，禁止入内”的牌子，但并没有什么用，大家仍旧翻越栅栏进入农场，不断破坏着农场的环境。

这位商人了解情况后，让工人们拆除了所有的栅栏，在各个路口立上牌子，醒目地写着：如果在农场里误食食物中毒或者被毒蛇咬伤，请去最近的医院，医院距此 15 公里，驾车半小时到达。从此再也没有人私自闯入他的农场了。

在牌子上写“私家农场，禁止入内”和“如果在农场里误食食物中毒或者被毒蛇咬伤……”有什么不同？表面上都是对闯入者的警告，但在人们心里的效果却完全不一样，一个是生硬警告，一个是温馨提示，而且后者还说清了禁止入内的原因——“担心你的安危，为你着想”，而并非原来的“我要维护自己的利益”。商人站在闯入者的角度，采取了换位思考的策略，让他们更愿意认同并接受。如果与人沟通时不方便直接表达，不妨运用“巧妙暗示”的方法，这样可能更容易得到你想要的结果。这就是直话弯说的力量。

黄金法则二：以柔克刚

小王公司的领导很喜欢打麻将、斗地主、打网络游戏。有一天，领导突发奇想，想要把公司大会议室隔开，将其中一个小房间作为棋牌娱乐室。在公司例会上，领导让大家就这一事项进行投票表决。很多人投了反对票，并直接劝领导打消这个念头。可反对的声音越大，领导心里就越生气，还赌气告诉大家第二天就动工修建棋牌娱乐室。

会后，小吴告诉领导他支持修建棋牌娱乐室。领导惊讶地问他为什么，他说：“这样同事们随时都可以打麻将、玩游戏了，反正是陪领导玩，工作拖着不做也没关系。而且客户来了，也不用谈业务了，直接去棋牌娱乐室玩起来，说不定遇到脾气相合的客户，打着游戏，合同都能签了。”小吴这么一说，领导沉默了。经过深思熟虑，领导决定不再修建棋牌娱乐室。

同样是劝领导不要修建棋牌娱乐室，其他同事直接说出心里的想法，硬碰硬的结果是领导反而赌气地坚持己见。小吴看似轻松的玩笑话，表达方式委婉温和却有力，以柔克刚地打消了领导的念头。这就是会说话和不会说话、委婉与直白的差异。

Tips：委婉含蓄的暗示方法

※ 指代不明

为了让语气听上去稍微平和些，减弱目的性，描述时可以使用笼统的概念来代替明确的“你”或“我”。比如委婉地说：“这年头，哪有人不想挣钱呀！”实际上表达的是“我当然也想挣钱”。

※ 预设前提

如果在暗示中预设前提，可以不露出蛛丝马迹就让对方下意识地按照你的想法去做。比如委婉地说：“这项工作，他比我们都有经验。”表达的是“这项工作交给他去办”。又比如委婉地说：“我比较擅长为大家倒酒。”表达的是“我不喝酒”。

※ 巧妙暗示

巧妙暗示就是不直接说明行事主体，而进行委婉含蓄的表达，比如委婉地说：“把事情办好了，对你们都会有好处的。”意思是说“事情办好后，我会给你们好处”。

电梯游说：控制时间成本的封闭式话术

很多关于沟通的书籍，都会提到“麦肯锡 30 秒电梯理论”。

这源于麦肯锡公司的一次商业失误。当时，麦肯锡公司正与另一家公司商谈合作事宜，会议结束之后，麦肯锡公司项目负责人遇到对方公司的董事长。两人一同走进电梯，董事长问项目负责人“商谈的结果如何”，由于项目负责人事先没有任何准备，所以在电梯从 30 层到 1 层的 30 秒里，没有给出让董事长满意的答案，最终导致麦肯锡公司损失了这位大客户。由此，麦肯锡公司总结出经验：凡事要直奔主题，用最简单、最省时的方法来表达自己的观点，这便是著名的“麦肯锡30秒电梯理论”。在这看似短暂的30秒内，任何话题都可以压缩为以下四个部分：先说对方想听的，再说对方听得进去的，然后说你该说的，最后说你想说的。

一个人的话术可以简单地分为“开放式话术”和“封闭式话术”。开放式话术就是没有明确的观点，语言呈现出发散状态，如同平行线一样，没有形成交点，花费大量时间，甚至重复性述说，也无法达到让人满意的沟通结果。封闭式话术就是拥有明确的观点，语言呈现出收敛的状态，能够快速表达自己的意思，沟通效果明显又节省时间。

下面，我们来看一段对话。

老板：“你们部门目前有什么工作困难或者需要解决的问题吗？”

经理：“很多员工来找我反馈，说后勤保障存在问题，后勤部工作不到位。”

老板：“存在哪些问题？哪些方面工作不到位？”

经理：“办公设备常常出现问题，影响正常工作，导致工作效率低。”

老板：“哪些办公设备？”

经理："缺一台扫描仪和一台彩色打印机。"

老板："这两个都是经常用到、必须买的吗？"

经理："彩色打印机是经常用到的，扫描仪用的机会少，最好也有。"

老板："了解过价位吗？多少钱一台？"

经理："彩色打印机两千多元，扫描仪一千多元。"

老板："那就抓紧采购彩色打印机吧，扫描仪不是必需品，暂时先不买了。"

在这段对话中，老板用的就是典型的封闭式话术，而经理用的则是典型的开放式话术。显然，老板对经理的开放式话术并不满意，步步紧逼、层层封闭，直到把经理想要表达的重点彻底"逼"出来。其实，这样的沟通效率极低，有很多无用的话。

如果经理一开始就用封闭式话术，那这次沟通的效率是不是会大大地提高呢？让我们看看。

老板："你们部门目前有什么工作困难或者需要解决的问题吗？"

经理："我们目前因缺少彩色打印机和扫描仪这两种办

公设备而工作效率比较低。彩色打印机两千多元一台，扫描仪一台一千多元。不过，扫描仪用的机会不多。”

老板：“好的，那就立马给你们配备彩色打印机，扫描仪暂时先不买。”

如此，只用几句话就把事情说清楚了、解决了。

当然，这只是一个很简单的例子，生活中许多案例比这要复杂很多，但化繁为简，突出重点，沟通效率自然就会提高。特别是汇报工作时，最好能从结果开始说，然后描述进度，最后才反馈问题。

一开口就冷场？多半是没搞懂提问“潜规则”

有问有答，才叫沟通。问在沟通中发挥着不可或缺的作用，它是挖掘更重要的相关消息必需的手段和方法。如果说沟通是一道方程式，那么问就是解方程。提问质量的高低很大程度上决定着沟通的成效如何。问好了，对方才愿意和你继续沟通下去，你也可以在沟通中占据主导地位；问不好，沟通可能会中断，自己也会比较被动。即便你口才很好，也很善于倾听，但如果你不会提问，很可能一开口就会说出一些不合时宜的话或者一些无法引导对方继续谈下去的话，导致瞬间冷场。只有把听、说和问巧妙地结合起来，才能使整个沟通过程更顺畅。

我的大学同学小赵是一名记者。众所周知，记者这个职业对口才和沟通能力要求挺高，采访最重要的就是会问，会抛出话题让对方作答，记者只有通过恰当的提问，才能勾起采访对象谈话的欲望，引导采访顺利进行。但是小赵并没有经过正规的学习培训，平时自己钻研琢磨得也比较少，既不会提问，也不知道该问对方什么问题，因此多次采访工作都进行得并不顺利。

有一次，我陪他一起采访一位韩国艺人，这位艺人的奶奶在中国生活了几十年，而且仍有许多亲人生活在杭州。小赵在采访时这样提问："听说你奶奶在中国生活了几十年，是吗？""你本次来中国做完电影宣传有什么安排？会去看望一下杭州的亲人吗？""你和这些亲人平时联系吗？亲密度怎么样呢？"很快，这位艺人的脸色就不太好看了，采访也就进行不下去了。

采访结束后，我和小赵聊天，我告诉他不能这样提问，这样和警察询问嫌疑人的感觉差不多。对方回答稍有不慎，就会招来各方不满，造成一些不必要的矛盾。我建议他换一种提问方式，比如，"杭州作为你的第二故乡，你对这个城市有怎样的认识？”“你在韩国多年，本次到中国宣传，想必也很想抽时间看看在杭州的亲人吧？”这样提问，不仅可以帮这位艺人展开话题，还能通过聊天获取自己想要的信息。小赵从中领悟了核心要义，掌握了具体的提问方式，之后的采访顺利了许多。

提问并不是多问、勤问就可以，提问也是有讲究的，问的时机、重点、频率、速度等都至关重要。提问要适时，把握好时机；提问要适度，内容要适度，速度要适度，数量也要适度。以下几种“潜规则”是需要注意的：

潜规则一：提问的场合要适宜

提问并不是张口就来，不分时间、不分场合、不分人群，这是大忌。在不恰当的场合，即便你的提问没有任何差错，也达不到理想的沟通效果。

比如，你和两个同事一起外出培训学习，三个人就同一个课题展开了讨论，A 同事和 B 同事都说出了自己的想法，你当着 A 同事的面直接问 B 同事，A 同事的观点是否正确、有没有可取性。此时，B 同事可能会顾及 A 同事的面子或者心理感受，不会直接说出答案，或者不会说出内心的真实答案。在这样的情况下，你应该在 A 同事不在场的时候再问 B 同事，这样不仅不会让 A 同事感到不舒服，也能得到真实的答案。

潜规则二：把握问题的核心

举个简单的例子，你的同事告诉你他最近正在忙着做六份策划文案，此时你肯定不能问他：第一个方案好做吗？第二个方案好做吗？第三个方案好做吗？……这样同事肯定会不胜其烦，你应该把这些问题综合起来问“哪个方案不好做”或者“哪个方案好做”。

在提问时，我们要把握问题的核心，不要把时间浪费在一些没意义、不着边际的问题上面。我们也需要根据提问的对象和场合等情况来做具体调整。

潜规则三：见不同的人问不一样的话

我们在开口前要观察对方的年龄、性格、性别和身份，因人而异地提问。比如，你和女性聊天，开口就问“你多重啊？”想必很多人都不愿意搭理你。再比如，你和老人交谈，应该问“您高寿啊？”而不是“您多大了？”你和一位不爱说话的人聊天，东拉西扯地问了很多无关紧要的问题，他每次都回复只言片语，话题很难继续下去，场面也一度陷入尴尬。何不一开始就直接抛出话题的核心部分来提问呢？这样做不仅能节省双方时间，而且不容易让对方反感。

潜规则四：提问要找到对方的兴趣点

有个做市场调查的朋友去一个小区找居民做问卷调查，他开口就说："能耽误你几分钟，帮我做个问卷吗？很快就结束了。"很多人都觉得麻烦，不愿意耽误时间。半天过去了，问卷也没做完几份。在他坐着歇息的时候，他看到一位妈妈带着孩子玩，于是过去搭讪："宝宝真可爱，白白嫩嫩的，多大了？""一岁半了。"妈妈回答道。朋友继续问："宝宝个子长得还挺快，平时都吃点什么啊？"妈妈听到夸奖，高兴地说："宝宝爱吃肉泥和蔬菜泥，上午和下午加一顿水果和小糕点之类的。"两个人你一言我一语，就孩子的问题聊个不停，最后这位妈妈不仅配合完成了问卷，还让很多经常一起带孩子玩的妈妈也帮忙完成问卷调查。

为什么仅仅是闲聊了几句就把正事顺利完成了，原本采取不予理睬态度的人们也热心地填完了问卷？因为不论年龄大小、经验多少，人们都有一个共性心理：符合自身喜好的话，没有人会不回应；符合自身利益的话，没有人会不听从；符合自身认知的话，没有人会不认同。

所以说，对方本来听不进去的话，我们可以换种表达方式，找准兴趣方向，巧妙包装一下，摸清对方心里最能被刺激到的地方，从这个角度把话说出来，更容易让对方听进去，赢得其认可，也能促进双方关系的发展。

建设性思考，让沟通变得更有价值

沟通离不开人的思维动作。人的思维模式是从小建立起来的，它就像一座摩天大楼，可以帮助我们看到更广阔的天地，也可以将我们困在思维定式里，使我们看不清问题本质。很多时候，人的思维惯性会直接影响沟通的质量，比如有的人总是在沟通中传达一些模式化的思想、教条化的理论，缺乏真实的情感与建设性的思考。这样的沟通往往味同嚼蜡，容易给人留下不好的印象。

在沟通过程中，如果你所表述的观点千篇一律，是人尽皆知的知识，自然会缺少聆听的价值。相反，如果你能给对方传达一些更具建设性的意见，让对方有机会看到不同领域、不同学科的真实面貌，则会让沟通变得更有价值。

更具建设性的意见来自哪里呢？在思考这个问题之时，我首先想到的就是现今世界思想的汇集之地——TED 演讲台。它之所以广受关注，就是因为登上 TED 演讲台的人都拥有“非同寻常”的经历，他们所传达的思想让人耳目一新，甚至改变了很多人的价值观。

普通人可能不知道欧洲大型强子对撞机的设计者每天都在想些什么；不知道硅谷亿万富翁为什么要跑到洛杉矶拍严肃电影；也不知道从土星归来的行星科学家曾经目睹了怎样美丽的星空；更不知道生物学家是如何在一滴海水中发现数百万新物种的……登上 TED 演讲台的人，总能够创造惊喜，给听众打开一扇天窗，让听众感受到不一样的世界。这些“非同寻常”的人物，都拥有与众不同的思想学识、个性风度和传奇的人生故事。在沟通中如果能够打破惯性思维，让自己的观点不同凡响、独树一帜，往往能够取得很好的沟通效果。

那么，我们应该如何在沟通中打破惯性思维，提出一些更具建设性的意见呢？

我们可以打破常规的思维定式，想人所未想。而打破思维定式最好的方法就是运用反向思维，表面上是与传统的、常规的思维“唱反调”，但实际上却是言此意彼，在借题发挥中巧妙地阐述自己的观点。这样的反向表达方式，能够想人所未想，体现出多向思维，也引发听者的多向思考。

当然，也要注意一点，就是在运用反向思维时，不能犯社会政治、思想道德或常识上的错误，要合情合理，切忌天马行空、信口开河。

不要吝啬你的赞美之词

社交场上，会说话的人往往说一两句话就能使自己得到认可。说话技巧有许多，而赞美他人为其中十分有用的一种。几乎每个人都乐意从别人口中听到自己想要听的话。所有语言中，最动听的莫过于赞美，而赞美也让人难以拒绝。所以，不要吝啬你的赞美之词，可能一句美好的话，就拉近了彼此之间的距离。

小何是公司的人事总监，近两个月公司离职人员有点多，员工们情绪也比较低落。人手不够，又赶上年关，大家工作都很忙碌，再加上员工之间又因为分工和团队协作等问题产生矛盾，所以抱怨和争吵不断。小何每天都忙于处理员工关系，做大家的思想工作，却并不见多大成效，对此他头疼不已。

一次，小何无意间听到大楼物业经理说这栋写字楼里有家公司员工之间都很团结，关系很好，几年来几乎无人员流失。小何决定去这家公司取取经，看看这家公司是如何把员工凝聚得这么好，是如何管理员工，让大家相处得这么和睦的。

当他到这家公司门口的时候，前台正一边整理着资料，一边接着工作电话，可能因为对方不是很好说话，渐渐地，前台露出了不耐烦的表情。这时，一个男同事走过来，给她递了杯水，等她挂了电话，才开口道："这么多文件整理得如此整齐有序，你可真厉害！还没耽误接电话处理其他工作，效率真高！"此刻，这位前台一扫脸上的阴霾，脸上顿时绽放出笑容。

小何表达了来意，获得同意后，继续走进该公司了解情况，他看到陆续来上班的员工们互相打着招呼，夸奖着对方今天气色真好、口红颜色真好看、穿的衣服真漂亮、昨天的工作完成得不错等。大家都毫不吝啬地赞美着对方，氛围非常好。同事之间互相分享着带来的食物，有的还拿出自己新买的礼品送给大家，一阵欢声笑语过后大家开始了一天的工作。

过了一会儿，公司的总经理来了，还给每人带了一杯咖啡。总经理先夸奖员工们昨天工作完成得好，又赞美员工们今天状态很好，最后才交代今天的工作任务，还不忘告诉大家要“快乐工作，幸福生活”。此时，员工们个个激情满满。

在职场上，每个人都有不同的分工，需要担负不同的职责，并没有绝对的公平，大家心中有不公平感在所难免。这个公司的成功之处就在于，懂得时时刻刻用赞美的语言、欣赏的态度去肯定员工们的付出，驱散员工的不良情绪，安抚他们内心的不满。

赞美是改善人际关系、拉近人与人之间距离的最好方法。时常赞美他人，能够让他人开心，也能让自己快乐。赠人玫瑰，手有余香，何乐而不为呢？

说一些赞美的话语会让对方很受用，也为后面的沟通起到了好的铺垫作用。当然，也需要根据沟通的对象来选择说话的内容。赞美之词，一定要发自内心，要真诚，更要基于事实，千万不能过度，更不能睁着眼睛说瞎话。比如，对方说自己很失败，你却夸他很成功；对方最近一直倒霉，你却夸他运气很好。这样的赞美，怎么听都不顺耳，就像是假话与讽刺一样。正常情况下，如果对方只是帮你做了一点点小事，只要说“谢谢，这件事麻烦你了”就可以，无须赘言，更不要使用太多浮夸华丽的辞藻。

最重要的是，赞美的话要精确、有依据，尽量少用那些宽泛、空乏的形容词，否则既显得生硬，又显得随意，而且太过刻意会显得目的性太强。与其说“你今天真好看”，倒不如说“你今天的口红色号显得你皮肤很白，整个人都神采奕奕的”。越精确的描述，越能使对方觉得自己受到重视。要想为赞美锦上添花，你还可以紧接着提个问题，比如顺势问问她的口红是什么品牌、什么价位、在哪儿买的，这样一来，对方便可以从你的赞美之词里感受到切切实实的真诚。赞美时，我们还要面带微笑，正视对方，进行眼神的交流。

还有一种段位更高的赞美，那就是先否定再肯定，相对主义是最简单的一种思路，比如“我很少会被别人的魅力折服，今天你是一个例外”。这种对比性的赞美不知不觉间给了对方一种与众不同的评价，让其优点更加突出。

另外，假如对方是经由他人之口，间接听到了你的称赞，这种惊喜和愉悦，往往胜过当面听到你的赞美。

拒绝：原则边界下的合理回应

从小长辈就教育我们“要帮助他人”“要学会助人为乐”“帮助他人是美德、是快乐、是责任”，因此我们渐渐养成了“有求必应”的习惯，很少会拒绝他人的请求。

电影《穿普拉达的女王》中，安迪是一位入职不久的新人，为一位实施高压管理的“魔鬼”老板工作。一开始，不管老板提出什么要求，安迪都尽可能去完成，哪怕这些要求突如其来、不合常理，因为她无法拒绝老板提出的任何要求。但个人时间和精力有限，她只好对工作以外的事情说“不”，可想而知，她的个人生活变得一片混乱。直到最后她听从内心的声音，诚实地面对自己的选择，以行动拒绝了老板，反而开启了人生的另一扇窗。

乐于助人是一种美德，然而帮助别人时不能毫无原则，一味地妥协、退让、迁就。很多时候，我们必须学会拒绝他人，这不仅仅是一种选择，更是一种必备的生存技能。每个人都拥有拒绝他人的权利，因此不必因为拒绝他人而产生负罪感。适当地拒绝，可以消除自己的尴尬，也给对方留下退路。尤其是面对一些重大的决策，如果自己没有能力、没有义务去帮忙，尽早拒绝还能帮助他人节省时间，使其找到真正能解决问题的办法。

可能有人会觉得，拒绝很简单，直接说“不”就行了，但若只顾着表达不情愿，拿捏不好分寸，直接伤害了对方的情感，有可能会影响双方的关系。同样是拒绝别人的话，有人说得不留情面，到处树敌；有人说得恰到好处、天衣无缝，反而赢得了友谊。可见，拒绝是一门体现情商的艺术。

古时候，子女必须听从“父母之命、媒妁之言”，当有人上门提亲时，如果某家女儿看上了对方，就会对自己的父母说：“女儿年纪太小，终身大事都由父母来决定吧！”如果没有看上对方，就说：“女儿年纪太小，还想多侍奉父母一些日子。”很显然，这样的拒绝方式是不会伤害到对方的，而且将问题归结到“年纪太小”上，还塑造了一个孝顺父母的好女儿形象，真是一箭双雕啊！

在拒绝别人的时候，怎么说才能不伤害到对方，而且让对方欣然接受呢？

第一，即使你不想答应别人，也要认真地倾听对方的请求，不要不等对方说完便直接拒绝。这是人际交往时最起码的礼貌。

第二，拒绝的时候要提出正当理由，让人真正理解你的难处。可以先不把自己的反对意见表达出来，而是先认同对方的观点，再委婉地拒绝，说出拒绝的理由以及自己的看法。

第三，只拒绝是不行的，最好能够给对方提一些有用的建议，间接地帮助到对方。记住，态度一定要诚恳，最好能够面带微笑、态度温和，不要让人觉得你只是在敷衍了事。

第四，让对方明白其要求或请求已经超出了你的能力范围，你确实是爱莫能助。

第五，让对方了解你为此会付出的成本和代价，同时指出这种行为对你的负面影响，纠正对方觉得你可以轻而易举地提供帮助的错误认识。

第六，学会使用“我很想帮你，但是……”句式。在表达自己意愿的同时，把你的关心和慰问表达出来，尽可能地向对方陈述一些客观存在的障碍，保证对方能够感受到尊重、信任、理解。拒绝前表达关心，拒绝后致上歉意，可以减少拒绝所造成的负面影响，使对方不失体面。

Tips：拒绝的误区

※ 拒绝的态度不够彻底

若是你的回复模棱两可、过于搪塞，让对方觉得还有回旋余地，那么拒绝就是失败的。你需要表现出更坚定的态度，也必须言行一致，比如把不想做的事情描述成不能做的事，将个人意愿上升到个人原则的高度。

※ 拒绝的速度不够及时

如果有人找你帮忙，你不答应也不拒绝，回避表态，一拖再拖，那么就会给人优柔寡断的感觉，如果你不想提供帮助，不妨直接告诉对方你爱莫能助。

※ 屡次做出让步

当你拒绝了对方一个非常让你为难的请求后，对方可能会退一步，提出没那么让你为难的请求，这时候你碍于情面，往往会答应，但却依然出于无奈。你必须坚守原则，不要轻易妥协，不能感情用事。

※ 过度解释

拒绝别人之后，对此做出适当的解释是必要的，但过度解释就像在掩饰，反而让人觉得你是在逃避问题、推卸责任。解释应该点到为止，让对方明白即可。

随声附和也是一种必备技能

附和是沟通过程中的重要技巧，高情商的人都懂得“随声附和”，这是一种让对方感觉到话题容易接下去的、符合谈话内容的、带有感情的附和。如果能够在沟通中正确使用这种方法，就可以愉快地将话语权交给对方，并且向对方传达“你的话，我听懂了”的信息。对方会因此产生被认同感，从而更愿意与你沟通交流，彼此之间的聊天氛围也会变得更加融洽。这样做也能增加对方说话的勇气，使谈话进入佳境，令沟通更充分。

春节前，我多年未见的大学同学们准备举办一次聚会，大家针对在哪儿聚、聚会怎么玩等问题，在微信群里七嘴八舌地讨论起来，却始终没有一个定论。大学时班级的纪律委员李磊提议说：“我建议我们把聚会的地点安排在母校。到时候，我们可以在校园里走一走，回忆一下当年的读书生活，然后合影留念。之后在学校附近找个地方聚餐，而且每个人要负责出一个节目……”

听到李磊的提议后，韩芳及时配合道：“这个提议好，我赞同。大学校园里有我们青春时代最美好的回忆，在那里有太多值得回忆的故事，回忆曾经、回忆青春、寻找感情……这是多么美好且有意义的事情啊！”韩芳发言后，其他同学也纷纷表示支持。本来难以定下来的事情，很快定下了方案。

如果一个人的情商够高，那么在听到别人的好建议或好意见时，会乐于接受，并且及时表达自己的认同感，让好的建议或意见得到重视，并且得到实施。这样的配合不仅仅是“随声附和”，更是“英雄所见略同”。

那么“随声附和”都有哪些具体方法呢？

在以统一观点为目的的沟通中，当对方发表完看法后，你可以直视他的眼睛，用肯定的眼神传递出“我已经听明白你的意思了，而且很赞同”的信息，再辅以点头的动作，表示强烈的认可与信服。此时，你要成为一面镜子，对方微笑时，你也微笑；对方皱眉时，你也皱眉；对方点头时，你也点头。

或者可以直接使用“啊”“原来如此”“这样真不错”“你做得很对”“明智之举”等赞同性语言，让对方明确感受到你已经对谈话内容心领神会。但是，当对方讲完话后，不要急着说出这些话，稍微停顿两三秒，再表达认同。这两三秒的沉默，显示出你将对方的言论听进了心里并加以思考，能够表现出你对对方的尊重。如果“无缝衔接”地回话，也许会让对方怀疑你只是在敷衍。

当对方表述完后，你也可以快速提炼对方语言中的核心部分，用自己的话进行复述，并追问一句“你的意思是这样吗？”以此证明自己已经彻底弄清楚了对方要表达的内容。这不仅是一种附和，而且是你确实在认真倾听的最好证明。

另外，引用对方在更早之前说过的话，再陈述自己的补充意见，如此效果会更好。

但如果觉得对方说的观点不正确，我们不认同，也要心口不一地加以附和吗？直接批判对方的错误观点确实有点不妥，过于冒失和激进会引起对方的不耐烦与反感，使其丧失继续沟通的兴趣。此时，我们要尽力控制自己的情绪，继续“附和”，不过这时的附和目的并不是表达认同，而是确认对方表达的是不是其本意，并引导对方充分表述观点。假如我们发现对方的观点不完全正确，就要通过具有引导意味的“随声附和”来加以矫正。

祸从口出，那些一不小心就“作死”的话

弗洛伊德认为，人的大脑可以分为有意识和无意识两个部分。“说话不经过大脑”就是无意识部分，即有些话语在较短的时间内，只经过大脑简单的处理便说出来。有些人迫切想要表达自己的想法，不自觉地说出一些让人反感、让自己后悔的话，就是因为没有经过大脑的深度思考。说完之后再回头思考和琢磨一下，才发现有的话说得不合时宜，甚至会引起误会、争吵，使人与人之间产生隔阂。

小萌这个人各方面都不错，就是说话无所顾忌，因此没少得罪人。小萌这种性格，说好听了是天真直率、心直口快；说不好听那就是口无遮拦、张口揭人短。部门同事穿了

新衣服来上班，很多同事都夸衣服漂亮、显身材。偏偏小萌直言道："这件衣服还行，不过不适合你，你本来腰部就有赘肉，这样更显胖。"她的话一出口，大家的表情瞬间凝固了，其乐融融的氛围一下子也变得尴尬起来。

还有一次，公司聚餐，因为公司本年度业绩一般，账面钱款不多，总经理选了个经济实惠的地方吃饭。聚餐结束后，总经理客套地问大家："大家都吃好了吧？菜还合口味吧？"还没等其他人开口，小萌心直口快地评价道："这家餐厅菜很一般，聚餐怎么会选这儿呢？虽然菜分量挺大，价格也适中，可味道不行，菜品也不精致，特别没档次啊！"她这一席话说完，同事们都面面相觑，不敢吭声。总经理的脸一阵红一阵白的，尴尬地说："意见提得不错，我下次注意，一定选个让大家都满意的地方。"

说话时为了逞口舌之快毫无顾忌，不经大脑脱口而出，这样只会给自己带来麻烦。口不择言的危害不能小觑，一句不负责任的话很有可能会给自己带来麻烦，这样的事情屡见不鲜。

公司年会上，为感谢本年度员工的付出和家属的支持，公司特别邀请了员工家属们参加。在才艺展示环节，一位男士正在舞台上引吭高歌。入职不久的小王对身边同事说："这人谁啊？唱得太难听了，还敢上台，快下来吧！"同事说："他是我老公，他歌喉不错，平时歌唱得也好听，主要是这首歌写得不怎么好。"小王继续追问道："这歌谁写的啊？没头没尾的，歌词没一点新意。""这首歌是我写的。"同事说完就走了。从那以后，那位同事和小王的关系就疏远了。而且，小王也发现，其他同事也刻意回避她。小王在公司的处境变得尴尬，没过多久就辞职离开了。

逢人只说三分话；与内者勿说外，见外者勿说内。这些沟通箴言，绝不是教我们不诚实，更不是教我们狡猾，而是教我们一种正确的沟通策略与技巧。覆水难收，讲话就像泼水一样，无法再收回，一句话出口前，务必慎思一下会引发何种后果。在最喧闹的时候学会沉默，低调做人才是高招中的高招。

那么，哪些话是不能乱说，甚至不能说的呢？

饱含争议的话

人人都有自己的立场、自己的想法和态度。高情商的人，绝不会固执己见，只站在自己的立场上对别人指手画脚。除非你已经完全清楚对方的立场，否则就不要轻易说出饱含争议的话，更不要直言不讳，说话不经过大脑，否则只会让沟通陷入困境之中。

尖酸刻薄的话

冷酷无情、喜欢揭短，还过分苛求他人的人都是不受欢迎的，他们一开口就像拿出武器伤人，总是习惯性地否定他人。说出这种话语，轻则瞬间结束话题，给人留下不好相处、损人利己的印象；重则埋下仇恨的种子，严重破坏人际关系。

不负责任的谣言

话多容易惹是非，负面的话少说为好。谣言猛于虎，面对谣言应该不信谣不传谣，保持理智的态度，不轻易表明自己的立场，这是避免祸从口出的最好方法。

Tips：惹人厌、招人烦的话

※ 指示型："你应该……""你必须……""你给我……"

请记住，你是在给对方提供建议，而不是居高临下发号施令，否则只会让对方反感，甚至引起对方的抵触心理。正确的口吻应该是"如果……你觉得如何？"这样的表达方式更容易被对方接受。

※ 威胁型："如果……我就……"

威胁的话可能一时有效或在某件事上起效，但频繁使用往往让对方感觉自己处于下风、被操控，容易引起对方的逆反心理，导致矛盾激化。

※ 比较型："你看人家，他比你更……"

通过贬低别人来凸显自己想表达的意思，显得我们过于挑剔，一捧一踩，让别人听起来不舒服，从而影响人际关系。

※ 贴标签型："你怎么总这样，你们女生就是……"

人非圣贤，孰能无过，一时犯错，就对其全盘否定，很容易激起对方的委屈、恼怒情绪。严重的还会让人觉得你的话里带有性别歧视、地域歧视、种族歧视等偏见。

用小幽默化解大尴尬，你也能轻松做到

生活本来就是平平淡淡的，高情商沟通，绝非一脸严肃地交换信息，无论是面对一个人还是一千个人，“幽默”能对营造轻松环境起到一个积极作用，更能提高一个人的亲和力。幽默的人都具有很强的吸引力，让别人产生和其沟通交往的兴趣，比如，有时故意曲解语意，制造意外，反而能给人一种出乎意料的新鲜感。人的思维有一种定势倾向，恰到好处地打破这种定势，跳出固有思维，从另一个角度思考和理解问题，发挥想象，另辟蹊径地表达出来，就可以达到幽默的效果。

生活中难免遇到尴尬的情况，这时，如果你满腹牢骚或

者破口大骂，不仅解决不了问题，还使本就尴尬的局面更尴尬。情商高的人，往往善用小幽默来巧妙地化解冷场与尴尬，让原本紧张不安的气氛烟消云散。

在一次酒会上，服务员有些手忙脚乱，倒红酒时不小心把酒洒在一个很有威望的商人头上，不巧的是，这位商人头顶光秃秃的。服务员吓得手足无措，在场的宾客也惊得不知如何是好。这时候，这位商人摸着自己的光头，笑着说："老弟，用红酒治疗秃顶的方法会有效果吗？"在场的宾客闻声大笑。聪明的商人只用了一句巧妙的话，就立刻把一件尴尬的事转化成了一个愉快的小插曲。

幽默的人不只是充满智慧，还拥有强大的内心。每个人都有自己的长处和短处，而我们的短处有时会成为别人调侃的内容，如果在别人故意让我们难堪时，我们轻易动怒，只会显得我们小肚鸡肠。我们没有必要遮掩、躲避这样的话题，也完全没必要和对方争论不休、大吵大闹，否则场面不仅很难堪，而且解决不了问题。

自我嘲讽是一种幽默，同时也是一种自我救赎，遇到不友好的言辞时，大可以让对方在语言上占个上风，顺着对方的意思自嘲一番。如果一个人能够放下自己的“包袱”，拿自己的缺点和不足来“开涮”，足以证明这个人的心理素质很强，且这样做在化解尴尬的同时也赢得了他人的好感。

英国哲学家培根曾经说：“善谈者必善幽默。”

在演艺界，黄渤的好人缘是有目共睹的，这正是因为他的情商高。

众所周知，黄渤长相“接地气”，在各种场合中，记者都喜欢拿他的长相说事儿。面对各种玩笑和刁难，他总能妙语连珠，以幽默化解尴尬。

有一次，黄渤为电影《亲爱的》做宣传，一位观众问他：“在电影海报里，别人都睁着眼睛，为什么只有你一个人闭着眼睛呢？”

黄渤回答说：“那是因为我的眼睛小，睁着眼和闭着眼，也没什么区别……”

如果黄渤很在意别人对他外貌的评价，每当听到他人嘲讽就忍不住辩驳，或许会有更多的嘲讽接踵而来，然而他却从来不避讳，也不介意别人评价他的外貌。他善于自嘲，以最幽默的方式化解尴尬，总是把自己的姿态放得很低，而且他发现，自嘲不但没有让他感到沮丧和失落，反而为他赢得了尊重。

当我们在沟通中陷入尴尬，为找不到打破僵局的话题而苦恼不已时，肯定特别想拥有一点幽默的细胞，也想开个合适的玩笑把尴尬遮掩过去；当看到别人说话风趣幽默、妙语连珠，在人群中如鱼得水时，也会很羡慕，并在心里想："如果我也能这么幽默，这么会招人喜欢就好了。"

一个人说话的幽默感，并不是天生的，需要后天的学习与培养。我们可以在日常沟通和交流中，多和一些风趣幽默的人接触，学习有趣的说话方式，改变自己单调的说话模式，看一些有趣的电视节目、网络段子，提升自己的幽默感，在这种氛围的熏陶下，你也会变得幽默起来。当你决定用幽默模式去表达事物时，切记不要让思维太过跳跃、表达太过生硬，否则很容易让人无法领会，令场面更加尴尬。

Tips：幽默语录摘抄

※ 跟不喜欢的人在一起是什么感觉？辣条都不想分给他半根。

※ 怎么形容自己的厨艺？烧得一手好厨房。

※ 做人最失败的莫过于唐僧，身边的人无论是敌是友，总想送他上西天。

※ 以前化成灰都认得出来的人，现在化个妆就认不出来了。

※ 为了当年前男友的那句“保重”，这么多年我一直没瘦。

※ 以后的路你自己走，我打车。

※ 我家电脑什么都慢，就死机快。

※ 希望大家不要做一个抠门的人，因为门会被抠坏的。

※ 今口天气很好，在房间里宅久了，准备去客厅散散心。

第 7 章

情绪调控：有时候，我们要先与自己沟通

情绪会影响沟通，这是众所周知的事情。当一个人情绪不好的时候，沟通根本无法正常进行下去，而且负面情绪还会传染给对方，让沟通更加不愉快。评估一个人的情商高不高，一个很重要的“指标”就是其对于情绪的掌控能力如何。

巧用情绪催化沟通：你会成为最有感染力的表达者

我们每天都会产生各种各样的情绪，有时感到快乐，有时感到沮丧，有时又感到莫名地兴奋。在情绪科学领域，一直有两个悬而未决的问题：一是情绪是什么；二是情绪有多少种。现今的哲学家、心理学家或者神经生物学家，在谈论情绪的时候，也通常会使用不同的概念。那么，情绪究竟是什么呢？

现代心理学对情绪的定义是，伴随着认知和意识过程产生的对外界事物态度的体验，是人脑对客观外界事物与主体需求之间关系的反应，是以个体需要为中介的一种心理活动。至于情绪有多少种，至今仍是一个没有定论的问题。几千年以来，古今中外的哲学家、心理学家、神经生物学家一直在寻找答案。目前得到大多数学者认可的基本情绪有四至十种，包括快乐、恐惧、生气、伤心、厌恶、惊喜、爱等，而由这些基本情绪衍生出来的次级情绪则数不胜数。对于这些已经被识别的情绪，我们想要将自己的情绪与之一一对应也并不容易，幸好在过去的几十年间，心理学家已经分辨出基本情绪的主要结合方式，这有助于我们更好地认识并管理自己的情绪。

心理学家罗伯特·普拉特契克提出了著名的情绪进化理论，将情绪分为基本情绪及其反馈情绪。他认为人类的基本情绪有八种，分别是愤怒、厌恶、恐惧、悲伤、期待、快乐、惊讶、信任。这些基本情绪是大脑处理问题时的默认选项，它们周围还有不同的反馈情绪。

那些高情商的人都懂得管理好自己的情绪，而管理情绪的第一步就是认识自己的情绪。那么，情绪又是如何影响沟通的呢？人在愤怒的时候，往往会强化自己的观点，忽略对方的感受，所以在愤怒情绪的影响下，所表达的观点通常显得不够理智，也不容易被他人接受。而在惊讶的情绪状态下，容易产生自我怀疑，并且容易动摇自己的看法，推翻原有的认知。因此，认识到自己不同时刻的情绪以及理解情绪对人的影响十分重要。

想要巧用情绪催化沟通，让自己成为有感染力的表达者，首先要学会管理好自己的情绪。

追本溯源，把情绪正确传达出去

我有一位同事，是个直性子，做事雷厉风行，做人也直来直去，开心就无所顾忌地大声笑，生气就口无遮拦地大声指责，因此得罪了不少人，大家常在背后评价他“情商不足，大大咧咧，过于自我”。

实际上，绝大多数年轻气盛的人都是如此，特别是在愤怒、恐惧或内心受伤害的情况下，常会任凭情绪爆发，做出恶语相对、冷嘲热讽、哭闹、打骂等行为，并且觉得这是正确合理的反应，更深信遇到同样情况别人也会这么做。

然而，这只是简单、任性，甚至不负责的情绪宣泄，是情绪在驾驭我们，而不是我们在驾驭情绪，负面情绪大爆发的结果往往是损人不利己。遇到类似情况，我们要学会情绪传达，既要真实地传达情绪，也要适当地传达情绪，要让别人直观地了解到我们正处于某种不愉快的情绪中，最终目的是让别人给予支持和体谅，如此才能让情绪在沟通中发挥积极作用。

我还有一位同事，深谙为人处事的智慧，但有一个缺点，那就是不会安慰别人，尤其是关系特别亲密的朋友在遭遇挫折向他诉苦时，他给出的回应总是斥责批评，没有半点关心和安慰，这种交流模式让朋友感到更加受伤，渐渐地也不愿意在他的面前吐露心事了。

这位同事虽然是在有针对性地传达情绪，并非自顾自地宣泄情绪，却开启了“答非所问”的传达模式，朋友本来是祈求安慰和鼓励的，得到的却是批评和指责。他将自己对于朋友的真心关切，以及共情产生的焦虑和失落，错误地加以放大，传递到了朋友的身上，加剧了朋友内心的不悦和痛楚。而正确的情绪传达必须是通过认真分析，以准确、合理、有度的方式进行传达，这样才能实现顺利沟通，也便于理智地思考如何解决问题，选择可能带来良好结果的做法。

以上两种情况，都属于沟通中最原始的表现，其行为方式模型如下：

他人的行为→你的感受（原始情绪）→你的判断→你的行为（受情绪驱使）

古希腊哲学家埃皮克迪特斯曾说过："人不是被事情本身所困扰，而是被其对事物的看法所困扰。"因此，如果我们想成为一个驾驭情绪的高手，必须完善这个行为方式过程，在"他人的行为"和"你的感受"之间加入一个环节——"你的判断"，以使自己对事情的看法更具体、更客观。完善后的行为方式模型如下：

他人的行为→你的判断→你的感受（再加工情绪）→你的判断→你的行为（受判断驱使）

第一个"你的判断"是在观察到对方行为后，产生情绪前，我们对"他人的行为"做出的解释，对"事实"赋予的某种意义、动机、性质。思考"他为什么会这么做？目的是好是坏？会对我产生什么实质影响？"内心在极短时间内获得答案（这些想法也可以称为"直觉"），经过对情绪的短暂克制后开始做出响应。但需要注意的是，千万不要把此时的想法和事实混为一谈。

第二个“你的判断”是在产生情绪感受后，做出行为回应前，我们对“情绪”进行的细化和合理化。思考“我的情绪是否准确表达了我的意愿？如果我表现出这种情绪，对方是否能理解、接受？这种情绪表达会促进沟通还是阻碍沟通？我将用何种表情、语言、动作来传递该情绪？”

尽管第二个“你的判断”转瞬即逝，但为了避免出现过激行为，我们最好能追本溯源，沿着行为方式模型向前反推，让自己置身于一层层的质疑中，寻找被潜藏起来的动机和目的，进而改变其中的一个或多个因素，优化沟通效果。整个反推过程如下：

你准备做出的行为→你刚才的判断→你此刻的感受→你最初的判断→他人的行为

首先，诚实审视即将做出的行为，问自己：“我是否会表现出被动或对抗的应对方式？我的行为是否会加剧别人对我的误解，激发更严重的矛盾？是否可以用其他言行代替？”如果不妥，则及时纠正错误行为。

其次，反思产生该行为的直接动机（第二个“你的判断”），问自己：“是什么情绪导致我要做出这种行为？”比如，因为“我生气”“我伤心”“我害怕”。

再次，明确产生该情绪的感受，问自己：“我的情绪是否真实传达了我的感受？”只有敢于质疑感受，才能真正质疑想法。要用准确的词汇对感受进行描述，描述越清楚，越有利于分析感受背后的想法。比如表达疑惑时，可以根据不同情况，使用怀疑、可疑、困惑、为难、迷惑、彷徨、无所适从等词汇来形容，而不能笼统地描述为“疑惑”。因为“疑惑”的产生可能是来自别人的欺骗、来自无知的自卑、来自左右不定的选择障碍，我们不能用被欺骗时的愤怒情绪来表达自卑的感受。

接着，分析产生该感受的想法（第一个“你的判断”），问自己：“是对方的什么行为导致我产生了这些想法？我是否错误理解了对方的目的？他是否有言外之意？”

最后，让一切回归事实本身，问自己：“产生这些想法的依据都来自经过证实的事实吗？”此时，必须确保信息的全面和准确，这样才能基于事实坚持或更改刚才的两次判断以及最后的行为。

通过以上步骤，我们便可以在沟通之时将自己的情绪进行准确描述并正确传达出去，在“他人的行为”和“我的行为”之间建立起环环相扣的坚实连接，这样既能提高驾驭情绪、传达情绪的能力，也能更好地让对方理解并接受我们的行为，确保沟通有个好的效果。

我们也可以每天晚上进行情绪总结，用文字描述记录：“今天我……我当时感到……因为之前发生了……”这样，情绪传达的进步程度也能更直观地被保存下来。

Tips：第一人称和第二人称的情绪传达法

※ 第一人称的传达：

“我现在感觉气愤难平，胸口隐隐作痛。”

“我感觉自己被狠狠地伤害了，特别想哭。”

对方有可能和你产生共情，了解你的苦衷和痛处，自退一步，海阔天空。

当对方用不友善、不尊重的语气与你交流时，你可以说“我不喜欢你用这种语气和我说话，这让我很想马上结束这场对话”来传达自己的情绪，而不要通过大吼“你给我闭嘴”来制止对方的行为。

※ 第二人称的传达：

“你真是要把我气死了！”

“你这么对我，你还有良心吗！”

对方会感觉到自己正被你指责，你的需求被掩盖，隔阂产生，矛盾升级。

关键时刻的关键态度：你能说服自己，就能说服别人

“说服自己，才能说服别人。”这是人际沟通的至理名言。

如果你想表达的观点连自己都无法说服，又如何去说服别人呢？

一位从事口才培训的老师曾说：“了解客户的需求，设身处地地为对方着想，当你开口时，所说的话将能说到对方的心坎里，这就是通往成功的捷径之一。”说服一个人最好的方式，就是把自己放在对方的位置上，从对方的立场，以对方的思维方式，来检视自己的想法和观点，一条一条列出

来，说给自己听，由自己来分析决策，看这些想法和观点能否说服自己。如果能够让自己信服，那就大胆说出来；如果连自己都无法说服，那就不要说了，否则只会自讨没趣。

美国心理学研究者尼克·克里在自己的著作《说服：像讲故事一样讲道理》中写道："针对你要说的事情，讲述人必须有系统的论证体系。自我认知不全面，很难做到自己的体系不被别人攻破。自己没有深入地了解掌握，很难从理论上让别人百分百信服。"

在沟通中，关键时刻的关键态度就是先说服自己，再说服他人。这要求个体有强大的理论支撑，你所表达的观点，必须建立在缜密的逻辑之中，这样才不会出现漏洞。当你发现自己想要表达的观点漏洞百出时，就要注意了，沟通对象同样会洞察出其中的漏洞，有时你觉得天衣无缝的观点，在别人看来也是漏洞百出，这更像是学识与认知上的博弈。

中国古代谋略家鬼谷子有一句名言："故静固志意，神归其舍，则威覆盛矣。威覆盛，则内实坚；内实坚，则莫当；莫当，则能以分人之威而动其势，如其天。"

意思是说，只有意志坚定，内心平静淡泊，让精力集中，威力才能强盛。威力强盛，才能让内心坚定充实；内心坚定充实，所发出的威力才无人可挡；无人可挡，才能震撼他人，如同天威一样让人信服。

这位古代先哲想要传达的观点是什么呢？无论做什么事情，都应该拥有坚定的意志和思想，要做到内心稳固，凝气于心。做人是这样，沟通也是这样，你能说服自己，就能说服别人，内心坚定，说出去的话才有感染力。同样的道理，想要影响别人，得先影响自己，一个人内心强大，才能用思想影响他人，用语言说服他人。

当你说服自己之后，又如何说服他人呢？要分以下三个步骤。

第一步：充分了解自己的观点，并且做好充足的准备

这是说服他人的先决条件。如果对自己要表达的内容及观点都不清楚，又如何说服别人呢？尤其是面对别人的质疑时，如果无法快速自然地进行解答，很容易让对方产生疑虑和不信任感。专业问题解释不清楚，回答牛头不对马嘴，都会让沟通对象失去耐性，也会让自己成为笑话。因此，沟通前最好能够对自己所讲的观点和内容烂熟于心，并坚信不疑，这样才更能够说服他人。

第二步：听众分析，你的沟通对象是什么样的人

沟通也讲究“知己知彼”，了解沟通对象是什么样的人，弄清性别、性格、文化程度、家庭环境、宗教信仰等，做到心中有数，有的放矢，若是不从个体特性的角度出发而一概论之，往往事倍功半。比如教育上的沟通，老师应该不断追寻个体化教育，发现每个学生身上的特质，从而像孔子那样因材施教。所以说，充分了解沟通对象，才能找到最合适的沟通方式。

第三步：要站在对方的立场思考问题，考虑如果你是对方，你会怎么想

我们总是喜欢站在自己的立场思考问题，或者给对方建议，而事实上，这种没有设身处地为对方着想的沟通方式，很难真正打动对方，更别提说服对方了。正确的做法应该是站在对方的立场思考问题，考虑如果你是对方，你会怎么想。在说服自己之后，再去说服他人，这样成功的概率就会高很多了。

自我调控：学会倾听自己内心的声音

有的人情绪容易失控，是因为不懂得自我调控，常常让自己陷入混乱的状态之中，被各种负面情绪困扰。如何进行自我调控呢？最好的方法就是倾听自己内心的声音。

哲学家说，我们穷尽一生要做好两件事情：一是处理好自己与世界的关系；二是处理好自己与自己的关系。一个人如果无法认识自己，无法读懂自己的内心，又如何与他人沟通呢？

很多人都自以为了解自己，其实对自己一无所知。倾听自己内心的声音，首先要认识自己。在心理学上，认识自己又被称为“自我知觉”，这是一个人了解自己、了解自己与外界关系的过程。精神分析学派创始人弗洛伊德在自己的著作《自我与本我》中写道："一个人的精神世界主要由三大部分组成，它们分别是本我、自我和超我。"可见，我们的内心不止一个"我"存在，而有多个如手足般"另外的我"存在。

不过，在多数情况下，我们的"自我意识"都占主导地位，让我们独断专行，看不清事物的本质。倾听内心的声音，也要"一视同仁"，不能只倾听一个"自我"，而忽略其他"自我"的想法。事实上，我们人生中的很多选择和决策，都只听从了内心某一个"自我"的声音，而忽略了其他"可能性的自己"的想法。比如最简单的吃夜宵问题，其中一个"自我"认为，应该吃水饺或方便面，另一个"自我"却认为，最近应该减肥了，最好什么都不要吃。所以，我们一定要知道自己的内心有很多个"自我"，并且要倾听内心多个"自我"的声音。

时常进行自我反省

中国古代有这样一句话："日省其身，有则改之，无则加勉。"意思是说，我们每天都应该进行自我反省，如果有不好的地方就改正，如果没有就好好保持下去。另外，在心理学上还有四个经典的关于自我反省的问题，它们能够帮助我们更好地认识自己与倾听自我。

问题一：我想要过怎样的生活，成为怎样的人？

问题二：我为此做过哪些努力，收获了什么？

问题三：五年后，我要达到怎样的状态？我要做哪些事情才能达成目标？

问题四：我做这些事情时，我会遇到哪些问题？如何应对它们？

这些问题的答案，便是内心最真实的声音。

建立批判性思维，对内心的某些声音说“不”

批判性思维就是一种自我反思性思维，即通过一定的标准进行思维评价，从而达到改善思维的目的。批判性思维同样能够对我们内心的声音进行评价，也就是评判想法的是非对错。

有些西方国家教育孩子从小就要学会质疑一切，哪怕是所有人都认同的权威。这样的教育机制会让学生明白：自己有权利对世界上所有的事物抱有质疑的态度，包括自己的内心。这不是自我怀疑，而是自我反省，我们要批判性地看待自己的想法，毕竟自己内心的声音也不一定全对。

去除浮躁，让内心变得宁静

在原始社会，人类缺乏最基本的食物，那些时常被饥饿困扰的人为了解决温饱问题而齐心协力，那时人类并没有过于强烈的物质欲望，精神上也相对公平和自由。随着社会的不断发展进步，人类解决了最基本的生存问题，开始追求物质生活的富足，享乐的欲望渐渐浮上心头。人的内心开始变得浮躁和杂乱，越来越多的追求和欲望，也让内心的声音变得嘈杂。

人的欲望有时候就像一个无底洞，无论是对美食、金钱，还是对权力、情感，都很难得到真正的满足。哈佛大学的经济学教授丹尼·罗德克说："世界上所有大宗教都有这一条戒律，就是反对贪婪。""现实生活中我们也经常听到人们用鄙夷不屑的口吻说出贪得无厌、贪心不足、贪婪成性等鞭笞贪婪者的词汇来。"

所以，去除内心过多的欲望，让内心趋于平静，才能更好地调控自我，倾听内心的声音。

隔离负能量，三招打破沟通僵局

有人说，负面情绪所产生的负能量，就像洪水猛兽一样可怕。当一个人被负能量包围时，其在沟通中的态度、语气、所表达的观点，都很难有积极的一面。

每个人都喜欢正能量，都想和释放正能量的人成为朋友。但在日常生活和工作中，我们总是不可避免地被负能量影响，比如上班途中堵车、地铁上被人踩了一脚、主动加班还总是被责怪、走在路上被行人莫名地撞了一下等。

以上种种负面情绪，存在的时间都不会太久，只在事件发生时或一小段时间内让人心情不好，而有的负面情绪日积月累，最后爆发时就会变得十分可怕。

曾经看到一则国际新闻。

一位二十一岁的小伙子，长时间没有正式的工作，每天一有时间就玩手机游戏，其他什么事情也不做。他的父亲性格暴躁，总喜欢用暴力解决问题，身上有时还带着枪。

小伙子的家里开了一家便利店，生意还算不错。有一天，父亲让小伙子去收银台帮忙。小伙子坐下后，又拿出手机来玩，而且玩得十分入神，连顾客来了也不知道。

这时，父亲在一旁叫他帮忙搬东西，他充耳不闻。

父亲火了，对他破口大骂。

小伙子仍旧没有听见，或者是懒得理会父亲。父亲走上前去，拿出手枪扔在收银台上，大声地说道："有本事你就杀了自己！"

父亲刚转过身去，就听见背后传来"砰"的一声……

小伙子应声倒在收银台上，父亲还以为他在装死，走过去给了他一巴掌，却看到了收银台上的鲜血，父亲这才意识到，儿子真的对自己开枪了。

在与人交往的过程中，不只动手动脚才算得上暴力，有时语言上的暴力更加可怕，甚至会对人造成致命的伤害。无论是亲子还是伴侣之间，都应该好好说话，但这对很多人来说，比登天还难。于是，我们往往会看到，生活里那些微不足道的事情，那些伤害对方的话语，常常把人们弄得精疲力竭。最后惨淡收场，严重的甚至家破人亡。

我们应该如何避免暴力沟通呢？美国著名的非暴力沟通专家马歇尔·卢森堡博士在《非暴力沟通》一书中提出了一个好方法，那就是“只说事实，不做评论”，比如一位员工上班迟到了二十分钟，老板可以说他上班迟到了，但是最好不要说他没有时间观念。避免暴力沟通的第一步，就是不要在事情发生的当下，就妄下定论。

隔离负能量，以下三招能够轻松打破沟通僵局。

第一招：给自己积极的心理暗示

什么是心理暗示呢？有一位幽默学者认为：“人就是一种奇怪的动物，总是喜欢自言自语，这样的‘谈话’结果甚至会影响日后的行为习惯，甚至成为自我人格的一部分，这便是自我暗示。”心理暗示有积极和消极之分，使人增加力量、勇气、快乐和信心的暗示是积极暗示，反之则是消极暗示。

心理学家马尔兹曾说：“我们的神经系统是很‘蠢’的，你用肉眼看到一件喜悦的事，它会做出喜悦的反应；看到忧愁的事，它会做出忧愁的反应。”

因此，当坏情绪像乌云一样笼罩我们时，我们就要学会对自己微笑，给自己积极的心理暗示。我们可以对着镜子微笑，但一定要发自内心，笑着笑着，坏情绪就自然消散了。

第二招：远离负能量，转移你的注意力

转移注意力的方法有很多种，我平时喜欢跑步、练瑜伽、跳舞，而你完全可以根据自己的爱好来选择，比如游泳或者刺激一点的拳击，也可以约朋友出门逛街，吃一顿好吃的，不要担心发胖，只要能够让自己开心，偶尔放松一下也是十分有必要的。

我身边有一些朋友还喜欢玩 VR 游戏（虚拟现实游戏），听说那是一种有趣的体验，能够让人暂时忘掉烦恼。如果条件允许，也可以在节假日抽空去附近的休闲旅游胜地逛一逛。

如果不想出门，也可以宅在家里干家务，如打扫房间、扔掉垃圾、收拾桌面等，整理的过程中不仅丢弃了没用的东西，而且将坏情绪一并丢弃了，何乐而不为呢？

第三招：寻找并靠近那些开朗有趣的朋友，学习幸福的方法

每个人都在追求幸福，但幸福究竟是什么，却很少有人能说得清楚。

古希腊哲学家亚里士多德说："幸福是人类存在的唯一目标和目的。"法国作家罗曼·罗兰说："幸福是灵魂的一种香味，是一颗歌唱的心的和声。"美国心理学家马丁·塞利格曼把"幸福"划分为快乐、投入、意义三个维度，认为我们从每个维度都能获得心理上的幸福感。

假如生活中需要多一些快乐，那么就去做能让自己开心的事情；假如生活中缺少意义，那就暂时放下手中的工作，让心灵得到休憩。但凡能让自己幸福感提升且不违背法律的事情，都可以去做。这样负面的情绪会越来越少，快乐的感受会越来越多。

生活就像一面镜子，如果你的内心幸福，充满了正能量，那么你所传达的也是幸福和快乐；相反，如果你的内心充满了负能量，那么你传达的东西也是充满负能量的。高情商的沟通自然应该隔离负能量，将正能量传播出去！

如果负面情绪爆发，请引领它找到安全出口

畅销书作家奇普·康利在《如何控制自己的情绪》一书中写道："我曾经看过表达情绪的词句的统计总数有558～800多个，令人不解的是，几乎在每一项研究中，将近2/3的词句都有负面含义。所以有一份欢乐，就有一份忧郁和一份贪婪。"

现代心理学明确指出，在所有的情绪中，负面情绪所占的比重往往大于正面情绪，如何才能使负面情绪和正面情绪达到平衡呢？答案是管理好自己的负面情绪。

管理负面情绪并不是消除一切负面情绪，而是温柔疏解，适当地抒发自己的负面情绪，像大坝一样定时提闸泄

洪。因为负面情绪是不可能完全消除的，只能进行疏解。如果不懂得控制、调节自己的负面情绪，在负面情绪爆发时也不能提供安全的出口，则会严重影响我们的生活和工作。

在现实生活中，很多人都被各种负面情绪，比如悲伤、厌恶、愤怒、恐惧、忧虑等困扰。这些负面情绪如同洪水，一旦疏于防护，就会决堤，危及自身，也危及他人。如果在沟通中负面情绪爆发，往往会与对方发生争吵，令人不愉快。

情绪管理的概念最先由哈佛大学心理学教授丹尼尔·戈尔曼提出，他对于情绪管理的定义是，善于掌握自我，善于调制合体调节情绪，对生活中矛盾和事件引起的反应能适可而止地排解，能以乐观的态度、幽默的情趣及时地缓解紧张的心理状态。

简单来说，情绪管理主要包括三方面的内容：一是认识自己的情绪；二是疏解自己的情绪；三是适当地表达自己的情绪。日本作家有川真由美曾说："人人都有陷入消极情绪中难以自拔的时候，如何应对消极情绪便成了实现目标、提高生活质量的关键。"她在《整理情绪的力量》一书中总结了几种实用的调节情绪的方法。

转移注意力，疏解负面情绪

每个人都很容易陷入这样一种状态中：在专心看电影、听音乐，或者沉浸在话剧的剧情中时，身边人的一举一动可能都无法察觉。这是因为注意力高度集中在某个点时，人的大脑会忽视身边其他现实的状态。所以，我们可以通过转移注意力的方法，来模糊处理内心不好的情绪，让其边缘化，进而完成疏解。

学会换位思考，让负面情绪自动疏解

很多人被负面情绪困扰，都是因为过于看重自身的感受，而忽略了他人的感受。换位思考能够帮助我们走出自我情绪的旋涡，站在他人的立场上看待问题，与他人互换角色，这样的“将心比心”，脱离自我的感受，能够让负面情绪自动疏解。

找到负面情绪与正面情绪的平衡点

情绪本身就具有两面性，正面情绪能够让人获得积极向上的力量，让人快乐、沉着、冷静，营造和谐的氛围；而负面情绪会让人沉溺在烦恼、悲伤、痛苦之中无法自拔。因此，我们要努力找到正面情绪和负面情绪的平衡点，让自己多处于正面情绪中，少被负面情绪影响。即使处于负面情绪中，也要学会“化悲痛为力量”，从负面情绪中找到积极的力量。

除了认识和疏解自己的情绪，更重要的是“适当地表达自己的情绪”。

很多人在表达自己的情绪时，经常会犯一些错误，比如不清楚自己的感受，随意乱发脾气；不敢直接表达自己的情绪，所以冷漠以对，一言不发；只知道指责对方，夸大对方的过错；拒人于千里之外或者一味讨好；等等。这些错误的表达情绪的方式，只会引起误会，激化矛盾，给自己带来更多的烦恼，也让身边的人难以接受。

在这里，我推荐三种表达情绪的方式：缩减、夸张和代替。

“缩减”是有意识地控制自己的情绪，在某些特定的场合将较强的情绪缩减到最弱程度，比如上课时听到一个好消息而难以抑制内心的激动，但是课堂必须安静有序，因此必须缩减激动的情绪，以保课堂安静。

“夸张”是将某些正面情绪有意放大，从而让自己充分汲取正面情绪的能量，比如将快乐的情绪放大，让自己享受到更多的快乐；或者将成功的体验放大，哪怕只是一点小小的成功，也可以将其放大，从而获得最大化的成就感。

“代替”是将一些负面的情绪表达转化为正面的情绪表达，比如在你过生日的时候，朋友送给你一件礼物，但是你并不喜欢，这时候你不能直接表达自己的负面情绪，应该以欣然感激的态度代替“不喜欢”，这样才是最好的表达自己情绪的方式。

亚里士多德曾经说：“生活的木质在于追求快乐，而让自己的人生变得快乐的途径有两种——不断地发现有限生命中的快乐时光，并增加它；发现那些令自己不快乐的时光，并尽量减少它。”负面情绪的危害有多大，想必不用多说，但是想要消除、扼杀一切负面情绪，却是不可能实现的事情。人不可能没有情绪，也不可能永远处于正面情绪之中，关键在于找到正面情绪和负面情绪的平衡点。如果负面情绪爆发，请引领它找到安全出口。

别高兴得太早，有一种现象叫“乐极生悲”

这是一个提倡正能量的时代，如果谁在朋友圈里散布“不快乐”的负能量，有时就会被别人戴上“矫情”的帽子，哪怕有真情实感，也难以得到认同。而崇尚“心灵鸡汤”的人们总喜欢高举“积极心理学”的幌子，总在宣扬“最好的将会到来”。

乐观的心态虽然值得赞扬，但也讲究一个度，因为过分乐观也不见得就是一件好事。它有可能会麻痹人的意志，让人产生一种错觉，以为获得成功是一件很容易的事情。可事实上，越是盲目乐观，越是难以实现目标，过于高估自己的能力，也会导致失败。

心理学研究表明，一个人如果对未来抱有适当的乐观，对于身体健康是有好处的。乐观精神能够帮助我们平复内心，预防多种心理疾病，不过它也会让我们渐渐失去追逐目标的动力。目标之所以被称为目标，是因为它不是唾手可得的，是需要我们付出长时间的坚持与努力，才能一步步实现的。实现目标的过程也伴随着困难、挫折与痛楚，如果只是单纯的乐观主义，仅凭一句“我一定可以成功”就盲目自信，这时的乐观除了麻痹自己，便并无他用了。

在现实生活中，很多人都会过度自信，高估自己完成任务的能力，而且人在任务中的重要性越大，这种误判会越严重。多数人会对未来事件抱有不切实际的乐观性。心理学家昆达早在 1987 年发现，人们期望好事情发生在自己身上的概率高于发生在别人身上的概率，甚至对于纯粹的随机事件有不切实际的乐观主义。

过度自信的人在进行自我评价时，往往会高估自己的能力，尤其当他们所期望和预测的结果真实发生时，更会过度夸大自己的重要性。他们会将成功归结到个人能力上，而忽略外界因素的影响。在做决策的过程中，过度自信的人会努力搜寻那些支持自己信念的信息，忽略那些不支持自己信念的信息，从而使决策出现偏差。换句话说，过度自信的人在做决策时，往往倾向于自我信念，而较少考虑实际情况。

大量的认知心理学文献也指出，人很容易过度自信，特别是对其自身知识的准确性过度自信。“过度自信理论”作为行为金融学的四大研究成果之一，在很多职业领域都有所体现，比如外科医生、投资银行家、律师、工程师等，在做判断和决策时，都存在过度自信的表现。

尽管过度乐观可能会让我们遭遇失败，但适当的乐观却是十分有必要的。人就应该活出积极向上、乐观豁达的姿态，如果全然放弃乐观的品质，可能会陷入悲观的陷阱之中。

因此，我们应该拥有一种“既乐观，又现实”的心态与思维，它能够让我们更好地实现自己的目标。具体应该怎么做呢？首先花几分钟时间，想象自己已经达成了目标，要抱着绝对的乐观主义去想象。然后转换视角，用更多的时间去思考实现目标的过程中可能会遇到的困难及如何去克服，这一过程在心理学上被称为“心理对照”。

心理学家做过“心理对照”的相关实验，结果表明，它对于实现目标确实很有帮助。当我们对那些有可能会实现的、合理的目标进行“心理对照”时，我们会变得更加努力，所取得的成果也比单纯奉行乐观主义要好得多。而当我们对那些不太现实的、不合理的目标进行“心理对照”时，它又会促使我们及时放弃这个不切实际的目标。

所以，“心理对照”带给我们最大的益处就是在目标可能被实现时，这种思维方法能够激励我们；当愿望不切实际时，也让我们更容易在评估后选择放弃，转而去实现其他更合理的抱负。而那些拥有“心理对照”思维的人，在沟通中也表现得更加出色。

总之，在任何时候别高兴得太早，因为有一种现象叫“乐极生悲”。同时，在任何时候也不要过于悲观，说不定积极乐观的心态就能够创造出奇迹。

告别演讲恐惧症，重塑你的自信心

我曾在一本杂志上看到这样一个有趣的调查报告，调查的内容是，人们最害怕什么？或许很多人都会认为最害怕的事情莫过于“死亡”，然而调查的最终结果却让众人大吃一惊——“死亡”只能排第二名，排在第一名的是听起来非常普通的“演讲”。

很多人可能都有过这样的“可怕”经历：自己在一般的场合说话、演讲都很自然，可一旦站上听众较多的演讲台，就会害怕得发抖，说话不再流畅，大脑突然一片空白，肢体动作开始变得僵硬，呼吸变得急促，甚至直接晕倒在演讲台上。在那一瞬间，自信心轰然崩塌，如果地上有一个洞，肯定会毫不犹豫地钻进去。

以上这些让人尴尬的情况，其实都是演讲恐惧症的表现。

沟通中有一个很重要的形式，就是在公共场合表达自己的观点，最常见的方式就是上台演讲。在演讲过程中，你代表的不仅是自己，还是自己所在的机构，更是自己所推销的产品或服务，这在人际沟通中显得尤为重要。我想，时常需要做公共演讲的创业者、经理人或者成功人士一定不少吧？为什么有的人可以自信地站在演讲台上，口齿伶俐，而有的人却口齿不清，在演讲时表现得畏首畏尾呢？

其实，这是一件很正常的事情，没有人天生就是演讲家，在初次登台演讲时便应对自如，不紧张也不害怕。无论从生物学，还是心理学角度来说，人类的本能就是害怕被很多人同时关注，除非有多次上台演讲的经验，不然很难做到游刃有余。

从生物学的角度来看，生活在原始社会的人类充满了生存的危机感，如果有几十只甚至成百上千只眼睛盯着自己看，内心肯定会惶恐不安，因为那意味着危险。面对这种

“可怕的关注”，要么选择仓皇离开，要么选择绝地反击，无论哪种选择都会给人们带来不安和危机感。

从心理学的角度来看，没有人愿意被他人妄加评断，例如评论自己的外貌、智商、性格、人品等。我们都希望给他人留下最好的印象，可是又无法满足所有人的喜好，于是我们每个人都害怕别人对我们做出不好的评价，自然会害怕上台演讲了。

正是因为这些原因，我们才对上台演讲充满了恐惧。不过，在现实生活与工作中，我们又必须训练自己上台演讲的能力。正如丘吉尔所说：“一个人可以面对多少人就代表这个人的人生成就有多大。”

如何才能告别演讲恐惧症呢？以下几种方法你可以尝试一下。

别太在意听众的反应

每个人站上演讲台的时候，都以为听众会把所有的注意力都集中在自己身上，于是心理压力极大，总担心自己说不好，或者说错话，为此情绪紧张，甚至心跳加速、喉咙干涩、全身冒汗。可事实上，当你上台演讲时，台下认真听你演讲的人可能并不是很多，有的人偶尔听几句，有的人甚至心不在焉地想着其他事情。所以，别太在意听众的反应，这样可以让你更加放松，也不会产生巨大的心理压力。

自我勉励

很多人都会因为自身的容貌、地位、能力等产生自卑心理，站在演讲台上更是自卑不已，仿佛自己不是在进行演讲，而是在向听众展示自己的缺点一样。克服这种心理障碍的方法是做强烈的鼓励性自我暗示，如在心中暗示自己“我已做好充分的准备，不会出错的”“我已走到了最糟糕的地步，不会再有更糟的事了”，等等。这都会有很好的效果。

做最坏的打算，向最好的方向努力

害怕失败可能是所有人的“通病”，但是人生中的失败又不可避免。所以要允许自己失败，做好最坏的打算，向最好的方向努力。只有这样才能放松自己，灵活自如地表现自己，才能有失败了再来的勇气和信念。失败并不可怕，它没有獠牙，不会将你撕得粉碎。但是如果你总是盯着失败不放，不肯接受事实，你就会产生心理问题，失去继续挑战的勇气，同时选择逃避，久而久之就不再肯定自己。其实，失败并没有想象中那么可怕，你只需要在失败的时候站起来，多试几次就会成功了。

树立自信，全面克服演讲恐惧症

患有演讲恐惧症的人，往往缺乏自信，想法悲观消极。因此，要努力找回自信，相信自己可以做得很好。自信是思维意识活动的一种表现，它产生于我们自身，很多难题和苦恼是自己造成的，我们总是会不自觉地用一根看不见的线将自己捆住。所以我们首先要面对自己，战胜自己的缺点，将真实的自己释放出来。

不过，严重的演讲恐惧症患者应该及时咨询心理医生，采取有效的治疗方法。

第 8 章

同理心：高效沟通的魅力之源

情商的各大要素中，最容易识别的就是同理心。不过，也有很多人对同理心产生过误解。同理心不是“你好，我好，大家好”，更不是放弃自我讨好别人。心理学家对于同理心的解释是“设身处地地理解”“感情移入”“神入”“共感”“共情”，也就是我们常说的心理换位、将心比心，也指对他人的情绪和情感的认知性的觉知、把握与理解。

情感共鸣：“我们”比“我”更有感染力

我们都知道，人的心理、情绪、感受和态度等会直接影响沟通质量，所以对待沟通我们应该秉承着“先处理心情，再处理事情”的理念。沟通高手能够把自身的情绪、感受处理得非常好，从而拥有良好的心态，掌握必要的沟通技巧。

一般情况下，一个人拥有同理心，是实现有效沟通的基本保障。一个拥有同理心的人，才能切实体会对方的感受，才能从对方的角度出发，去思考问题，并且学会倾听。我对同理心的理解有三种：一是将自己的观点放置一旁，尝试接受另一个人的观点；二是设身处地地理解别人的感受；三是关心别人的福祉。

在现实沟通中，不管是和亲人、朋友，还是和同事、客户，都应该用同理心去沟通和交流，这样才能让彼此之间的关系更加和谐融洽，也会避免许多不必要的误会。当我们真正做到从他人的角度出发考虑问题时，就更容易理解他人、宽容他人。无论在沟通中遇到什么困难，只要想营造良好的相处氛围，我们必然要让自己拥有同理心。

那么，如何才能让自己拥有同理心呢？答案是产生情感共鸣。

《简明心理学辞典》对情感共鸣的解释是情感共鸣或称情绪共鸣，是指在他人情感表现或造成他人情感变化的情境（或处境）的刺激作用下，所引起的情感或情绪上相同或相似的反应倾向。

情感共鸣是指一个人在对另一个人进行观察之后，产生相同或类似的情绪体验，比如，当我们与失恋的朋友聊天时，自己的情绪也会压抑；而在看电影时，我们的情绪又会跟随主人公的情感一起跌宕起伏……这些现象都属于情感共鸣的范畴。情感共鸣是如何产生的呢？在沟通中，情感共鸣是沟通主体受沟通对象感染而引发的。不过，并不是所有人的情感都可以引发主体的共鸣，这与主体当时的心理状态有关。比如，你的好朋友要结婚了，她满脸幸福的样子会感染到你，引发你的情感共鸣，你也会感到很开心；可是，如果是你讨厌的人要结婚了，可能你的心里就不会产生过多的幸福感。情感共鸣不是某种情感的扩散或植入，而是主体不自觉地受到外部影响的结果。

在沟通中，如何产生情感共鸣呢？方法很简单，就是将表达主体从“我”变成“我们”。

如果是老板与员工之间的沟通，把“我”变为“我们”能够让上下级的关系更加密切，让员工更能接受老板的意见。如果在沟通中，你不管对方的感受，只是自顾自地说“我”，那么很容易引起对方的反感；相反，如果你能够把“我”变为“我们”，则会很容易得到对方的认同与好感。

演讲高手深谙此道，他们总是在演讲中将“我们”挂在嘴边，比如“我们是否应该……”“让我们一起……”等，以这样的说话方式进行沟通，能够迅速拉近彼此间的距离，让对方感到亲切，觉得话题和自己有关。这样的参与意识，十分有利于沟通。如果将“我们”换成“你们”，效果就会截然不同了，比如“你们应该……”“你们自己决定……”等，这样的说话方式一下便拉开了彼此间的距离，让沟通对象很难产生情感共鸣。

我曾在一本心理学杂志上看到这样一个有趣的实验：

心理学家让同一个人穿上不同的服装，扮演三种不同的角色，在街上进行调查。三种角色分别是专制型、放任型与民主型的领导者，然后记录他人对于这三种角色的反应。

结果和心理学家预料的一样，民主型的领导者，拥有强烈的团结意识，最受人们的欢迎，并且在与人交流时使用“我们”的次数最多，频率也最高。

如果我们能够在说话或演讲时，将“我觉得”“我认为”“我希望”换成“我们觉得”“我们认为”“我们希望”，沟通效果会明显好很多。因为采用“我们”的说法，更能够引起情感共鸣，激发对方的同理心。人的感官思维十分奇妙，同样一句话，如果用不同的方式表达出来，会给人完全不同的感觉，其结果也大相径庭。所以，善用“我们”能够有效激发同理心，让沟通变得更加顺利。

这样说来，是不是在任何场合都不能说“我”呢？当然不是，在某些特定的时刻，大胆地说出“我”来，能彰显自己的个性，进而得到更加满意的沟通结果。无论是日常交流、演讲还是谈判，都不应该固化地去看待问题，分清对象、场合和时机非常重要。

“我明白你的想法”：亚佛斯德原则，将对方需求作为切入点

在有关沟通的研究中有一个著名的“亚佛斯德原则”——以对方的需求作为切入点，和别人沟通的时候，要学会观察，只有学会观察才能够掌握对方最急切的需求，才能够把一切掌握在手中。

亚佛斯德原则是德国人类学家 W·S. 亚佛斯德提出来的，他认为，一个人在与人沟通时，若能引起他人急切的需求，并能引导这种需求，那么就能无往不胜。

有一次，大学同学小蒙给我打来电话说，她和男朋友分手了。

我感到十分惊讶，问“是他哪里做得不好吗？还是惹你生气了？”据我所知，小蒙的男朋友可是很爱她的，下班后会去公司楼下接她一起吃饭、看电影，每个节日都会送她小礼物。

小蒙有些低落地说：“他并没有做错什么，只是不懂我想要什么……”

我大概知道小蒙为什么要分手了。上大学时，小蒙就是一位自主意识很强的女生。她选择什么专业，学习什么课程，买什么衣服和口红，穿什么款式的鞋子，大多由她自己来决定，因为她很清楚自己到底想要什么。大学毕业后，她去了自己一直想去的城市，做了自己喜欢的工作，如今交了一个男朋友却不懂自己，她又怎么忍受得了呢？

小蒙告诉我，有一次她和男朋友去吃饭，她想吃什么，他一点也不在乎。他觉得小蒙喜欢吃的那些菜，太容易上火了，对身体不好，于是点了一桌子“营养餐”。小蒙看到桌上全是自己不喜欢吃的菜，心里难受极了。或许在旁人看来，男朋友温柔体贴，把她照顾得很好，什么都不用她操心。可是在她自己看来，男朋友连自己喜欢什么、想要什么都不在乎，又如何继续相处下去呢？

这样的事情在生活中时常发生，比如小蒙想去看电影，他便早早选好了位置，也不问问小蒙想坐在什么位置；小蒙去买衣服，发现一件自己很喜欢的衣服，他却摇摇头说“不行”，然后自己选了一件衣服送给小蒙……终于，小蒙受不了了，提出了分手。

这种情况就像是我明明喜欢吃苹果，你跋山涉水，历尽艰险给我带来了一车香蕉，你把自己感动哭了，还问我为什么不喜欢。因为我本来就不喜欢吃香蕉啊！

爱一个人不是应该多考虑对方的需求吗？要顾及对方的感受，而不是按自己的喜好，给对方自己认为的幸福。在爱情里，了解对方的需求，比做自认为对与好的事更重要。沟通中也是如此，你费尽唇舌，不如一句“我明白你的想法”。

卡耐基曾经租用了一家宾馆的礼堂，专门用来给学员讲课。

有一次，宾馆的负责人突然通知卡耐基说：“礼堂的租金要涨价，而且要涨到原来的三倍，否则礼堂将用来举行舞会。”

这让卡耐基感到头疼，因为这笔租金对于他来说是无法承担的开销。

第二天，卡耐基找到宾馆的负责人，希望可以有转机。

卡耐基来到宾馆负责人面前，微笑着对他说：“昨天接到宾馆的通知，说要涨租金，这让我感到有些不知所措，因为这一大笔租金是我无法承担的。不过，这也不能怪你，因为这是宾馆内部的安排，你只是在传达消息而已。如果换成是我，我也会这样做。”

宾馆负责人看着卡耐基，有一种被看穿的感觉，一时不知道说什么好。

过了一会儿，卡耐基又说：“租金提高，实在超过了我的承受能力，不过我觉得宾馆这样做，也有不妥当的地方。如果宾馆礼堂用来举行舞会，提高租金的确能够给宾馆带来短期的收益，可是从长远的角度来看，这样做，只会让你们的客户中流失成千上万在交际圈内有文化的中层管理人员；相反，如果这些人经常来听我的课，也会为宾馆免费打无数流动的广告，这将会给宾馆带来巨大的经济利益。”

宾馆负责人与宾馆决策者商量过后，终于还是放弃了涨租金的决定。

卡耐基作为一位人际关系学大师，当其利益受到损害时，他没有选择与对方正面交锋，而是站在对方的立场上，看穿对方的需求，最终改变了宾馆决策者的决定。如果你想钓到鱼儿，就要学会像鱼儿那样思考，这才是靠近一个人、解决问题的最好方式。

“我理解你的心情”：共情式倾听，关注对方内心深处的情绪

在所有倾听形式之中，共情式倾听可能是最难的一种，它需要我们集中所有的注意力，而不是简单地说一句“我懂你”就可以了。在进行共情式倾听时，我们需要放下自己的主观想法，去理解和接纳别人的想法，只有这样才能深入别人的内心，感受到别人的感受。

在一次饭局上，我见过一位十分善于倾听的朋友，他每次倾听的时候，总是身体前倾，很认真地听对方说完所有的问题，然后不断地给予回应，接着提出一个又一个问题，最后还要跟对方确认：“你觉得自己有没有表达清楚，还有没

有想要说的？”这句话其实很重要，至少让对方知道，他还在倾听。

倾听的最终目的是了解对方，做出某些判断，所以要调整自己的视角，最好能够把对方的视角也包含进来，这样才更容易走进对方的内心世界，以对方的方式来看待周围的世界。

倾听完之后应该怎么做呢？说些客套话，还是费尽心思去安慰对方？或许这些都不是对方想要的。当对方说出自己的心声之后，我们应该做的是及时反馈，并且感同身受地表达自己的想法。在倾听时，就要将自己的情绪带进去，把自己想象成对方，这样才更容易产生情感上的共鸣。

不过，我们也要注意一点，那就是一些偏见和经验会影响我们共情的能力。

《非暴力沟通》一书中明确提到：“没有评价的共情和沟通，是人类最高的智慧。”什么是共情呢？就是一个人理解另一个人的经历，并且对此做出反应的能力。共情既是人类天生的一种能力，也是后天需要不断完善的一种能力。

不过，有很多人都无法分清同情和共情的区别，尽管两者只有一字之差，不过它们的意义却完全不同。同情多指对他人痛苦、不幸的经历，产生理解和关怀的情感反应，而共情包括同理心、同感等，它所涵盖的范围更广一些，包括一些愉快的情感体验。

如果在倾听过程中带着同情，往往会破坏彼此的关系，比如朋友正在诉说自己失恋后的痛苦，你却来一句“真可怜”，这样就是同情，会破坏当下的关系。共情，则要全神贯注倾听以及融合自己的情绪，这样才能走进别人的内心，并且理解别人的痛苦。

共情能力对于我们的生活有什么帮助呢？它能够帮助我们更好地理解自己所处的环境和情感关系。共情产生的时候，我们就像打开了另一个世界的大门，看到了他人的内心，懂得了他人的经历，感受了他人的感受，也理解了他人的想法。另外，共情还可以帮助我们更好地解决矛盾冲突，比如夫妻矛盾、邻里矛盾、团队矛盾等。

倾听有多种形式，而共情式倾听，是所有形式中的“王者”，因为它很难做到，可是一旦做到，就会带领我们进入一种可以相互理解的亲密关系之中。

只有深刻地理解他人，才能真正地走进他人的内心，才能进行更深层次的沟通。

“我认同你的决定”：请移步到同一认知阵营

某天你突然有一个很好的想法，并且相信它对身边的人或者团队很有帮助，于是你兴高采烈地提了出来，希望得到大家的支持、鼓励与赞许，然而当你费尽心思为他人着想，得到的回应却是恶意的抨击与批评时，你会怎么做呢？

很明显，选择让步或者回击都是不可取的，而最合时宜的做法就是先认同对方，移步到同一认知阵营，再想办法说服对方，这样做往往能够出其不意，取得胜利。

沟通需要同理心，懂得认同别人，站在别人的立场上。沟通上没有对与错，只是立场不同而已。如果我们能够在沟通中表达出认同感，那么对方就会将我们纳入自己的认知阵营，这时沟通就会变得更加容易。

什么是认同感呢？心理学上对于“认同”的解释是，个体对比自己地位或成就高的人的认可，以消除个体在现实生活中因无法获得成功或满足而产生的挫折感和焦虑。弗洛伊德认为，认同是精神分析已知的与另一人情感联系的最早表现形式。简单来说，认同就是对他人的观点的认可，例如“我认可你的观点”“我认为你说得很正确”。

每个人都有自尊，都有被认同的需求，人得到认同之后会更愿意保持互动沟通。人需要认同感，但认同并不是随时都有的，这就需要我们在沟通过程中管理好自己对他人的认同。

人类社会通过认同感来形成一个个群体，群体中的人有着同样的认知观念，往往在这个时候，容易出现认知偏差等现象——只认同自己集体的看法，不认同其他人或其他集体的看法。当然，这不是我们要论述的重点，现在我们只谈如何认同他人以及被他人认同。

大多数人都有这样一种心理倾向，就是喜欢给自己期待的人贴上一个好的标签，比如“你是班里最优秀的孩子”。这样的心理暗示也是一种认同，它还会给我们带来进步与成长。人都有两种思维模式——固定型思维和成长型思维。固定型思维就是固执地认为自己是什么样的人，不会改变；而成长型思维是相信人可以通过自身的努力获得成长。认同感能够激发我们的成长型思维，让我们通过自身的努力，变得更加优秀。

在现实沟通过程中，认同也是一种需要有意识地进行管理的心理活动。通过一些特殊的方式进行“表达”，能够让对方获得足够多的认同感。

学会微笑和点头

在对方述说自己的观点时，我们应该面带微笑，并且时不时地点头示意。通常情况下，人都渴望收到反馈的信息，然后根据反馈进一步调整传递信息的方式。点头和微笑可能是最被认可的反馈方式了，因为对方看到我们朝他们点头、对他们微笑，会认为我们认同他们的观点，因而会更愿意与我们沟通。

学会真诚地赞美对方

当对方继续传递信息时，我们还可以通过真诚的赞美来表达自己的认同，比如接着对方的话说“就是这样的”“你说得对”。这样说对自己没有一点损失，却会让对方开心以及获得继续说下去的动力。但是要记住，赞美不是过分恭维，这种赞美完全是为了引导沟通的继续进行。不是发自内心的真诚赞美，只会让对方觉得我们在敷衍，甚至觉得我们虚伪。

学会模仿对方

人都喜欢与和自己相似的人交往，比如两个人都爱画画，他们之间的共同语言就会有很多，个性也会渐渐变得相似。这就是物以类聚了。如果两个人在很多方面都十分相似，那么他们之间就会产生一种天然的亲切感。有一种高等级的认同是当你发现沟通对象的某个习惯或行为之后，开始模仿对方，而对方也会与你亲近起来。

沟通过程中管理好认同感，不是溜须拍马，以求获得他人的好感，而是为了保持良好的沟通。

“我也会这样做的”：增加沟通信任值，获得持续性好感

人与人之间的关系都是建立在彼此信任的基础之上的。无论做人做事，还是沟通与交流，都需要信任他人，同时也获得他人的信任。如果人与人之间失去最基本的信任，那么沟通将无法进行。在沟通中，想让一个陌生人对你产生信任，也不是一件容易的事情。

如果你总是不被信任，也不要抱怨，而应该思考：别人凭什么相信你?

美国人际关系学大师卡耐基在《人性的弱点》一书中指出，人都喜欢听好听的话，喜欢受到重视，喜欢得到他人的

认可……这些都是建立信任感的好方法。

当你面对陌生人时，如果能够赞美并认可他们的优点，能够读懂他们的想法与内心世界，能够将关注的重点都放在他们身上，自然很容易走近他们，并且获得他们的好感与信任。

人都有这样的心理，对于喜欢自己的人抱有好感，对于相信自己的人抱有信任感。

心理学对于信任感的解释是，由个人价值观、态度、心情及情绪、个人魅力交互作用的结果，是一组心理活动的产物。可见，信任是一个人的处世态度，更是人际交往中不可或缺的能力。一个人对于外界事物的信任感，其实也是其内心世界的真实写照。

人与人之间建立良好的关系，也是以信任感为基础的，而相互怀疑会让彼此的关系疏远甚至破裂。也许你曾经听别人这样说："我百分百相信这个人，他所说的一切我都无条件信任！"在人际交往中，你会无条件地信任一个人吗？除非这个人与你的关系十分亲密，否则你肯定不会对其产生这样的信任感。一般情况下，人们只会相信"事实”，如果一个人会无条件信任你，那么对方肯定在与你直接或间接的相处中建立了这样的信任感。

诚实可靠的人更容易被信任，因为人人都喜欢真实，不喜欢虚伪

在人生的舞台上，每个人所扮演的角色都不同，有的人会在你面前极力表现出最好的一面，而当你不在场或者不知道的时候，他又会心口不一、笑里藏刀，嘴上说一套，背后做一套。每个人都希望自己的交往对象是诚实可靠的人，否则便难以建立信任感。

只有当别人认为你诚实可靠时，才会无条件地信任你。因此，你要在日常生活中言出必行，哪怕是小事，也要说到做到。如果你只说空话，却没有任何行动，就会让你的可信度日益降低。

在交流中，获得对方信任的最好方法就是主动提供信息，而不是被动提供或隐瞒信息

当问题比较笼统模糊时，主动向对方提供信息，能够显示出你的坦诚，从而获得对方的信任。举一个简单的例子，对方问你：“和律师的会面进展怎样呢？”如果你只是回答“还不错”，必然无益于信任感的建立；而如果你回答“还不错”之后，再主动告诉对方“他正在搜集相关的文件信息，准备签署协议”，就能够让对方更加信任你。

另外，在交流中尽量不要遗漏重要的细节。如果对方发现你的话自相矛盾，就会认为你是一个说谎者，哪怕只是因为你无意间遗漏了某些细枝末节。

通过“侧面效应”建立信任感，让对方知道你是一个表里如一的人

一个人在对另一个人建立信任感的过程中，会从侧面观察和了解这个人，而这个人在与其他人相处时所表现出来的品质，会比其在当事人面前所表现出来的品质更深入人心。

在当事人不在场或者不知道的情况下，你仍然要一如既往地表现真实的自己，甚至可以通过更好地表现自己来获取别人的信任，比如上司不在的时候，你更加努力地工作，然后通过同事让上司了解到这一点，这样比你当着上司的面表现要好得多。

你要记住，信任感的建立并不是一蹴而就的事情，这是一个缓慢且需要积累的过程，需要你用心去做好每一个细节。只有这样，才能获得别人的信任，让沟通更加顺利。

视角转换：避免以己度人的“一面之词”

我们都知道，与人交往一定要做到换位思考。但并不是每个人都可以做到换位思考。换位思考之所以很难，是因为很多人忽略了这样一个事实：我们无法从自我视角直接切换到对方的视角。事实上，在与人沟通、交往的过程中，我们一共有以下三个视角。

自我视角

自我视角也叫关联状态，这是一种我们天生就具备的视角，它是指用我们自己的眼睛看世界。当我们在坐过山车的时候，我们看到的、感受到的一切会随着过山车起伏，这是一种典型的关联状态。关联状态下，我们用自己的眼睛看世界，看到的都是自己之外的东西。

观察者视角

观察者视角也叫分离状态，这是一种第三者的视角，还有人把它称为“墙上苍蝇的视角”，即用他人的眼睛审视我们自己，比如我们在坐过山车时，如果有另外一个人在旁边看着我们，那个人会是什么感觉呢？鲁迅说：“人类的悲欢并不相通，我只觉得他们吵闹。”同样的，在旁人看来，我们坐过山车时大吼大叫，或许很好笑，或许很吵闹。分离状态下，我们才会对体验进行分析和思考。

他人视角

他人视角就是他人看到、听到、感受到的事物，比如对方现在正处于怎样的情绪状态中，对方还有哪些关联状态，等等。进入他人视角之后，需要的是情感共鸣，是体验共振。这里需要注意一点，就是我们无法直接进入他人视角，必须先从自我视角进入观察者视角，然后从观察者视角进入他人视角。这个过程是无法省略的。

自我视角、观察者视角、他人视角——几乎所有的沟通高手，都可以在三个视角间自由转换，这样能够避免说出以己度人的“一面之词”。或许在这个世界上，最能够影响他人的方法，就是把谈话的焦点放在他人身上，谈论他们想要的，并且告诉他们想要的。只有当你学会换位思考，才能清楚地知道对方究竟想要什么。

在现代社会中，视角转换十分重要，有些人失败了，是因为看不穿对手的需求，始终处于敌暗我明的状态中；而成功者则“知己知彼”，在对方还没有任何举动时，就已经知道如何去应对了。

英国有一句著名的谚语：“要想知道别人的鞋子是否合脚，穿上他的鞋子走一英里就行了。”当我们遇到沟通难题，无法仅靠自我视角下的思维去解决时，要学会换一个角度看问题，这样便能够寻找到其他的解决办法。

同一件事，如果我们能够从多个角度去观察，就会看到不一样的事物，也会得到不一样的结果。特别是在分离状态下，我们常常会以一个新的视角更加理性客观地看待问题。时间、空间上的距离，会促成分离状态的产生，因此我们总是会后悔，一些事经过时间的沉淀之后，又会让我们产生许多新的想法。

换一个角度看问题，能够让你更加理智地处理问题；换一个角度看问题，能够让你站在别人的位置去思考问题，从而更好地理解别人的需求和目的；换一个角度看问题，还能让你不再“糊涂”，从而更加全面地解决问题。

以退为进：学会迂回委婉的人际沟通技巧

生活中，与人沟通交流是最平常不过的事情了。在沟通过程中，很多人会犯这样一个错误——总是希望对方可以接受自己的观点，于是说话滔滔不绝。这样做未必会得到自己想要的结果，更多的时候还会招来对方的反驳与厌恶。

以前工作的单位有一位男同事，他总是喜欢和别人讨论各种问题，过程往往火药味十足，一言不合就吵起来。这位男同事的沟通方式，让人难以接受，他不喜欢倾听别人说什么，只一味地表达自己的感受。假如你的观点与他不合，他便会断然否定，甚至再来一句“你们还年轻，什么都不懂！”面对这样的一个人，别人也觉得无奈，虽然这位男同事所说的观点大多都在理，可他的沟通方式却有些不合适。

在现实沟通中，要如何应对这样的沟通对象呢？

一个有效的做法是先接受再拒绝，也就是在沟通中，先耐心听完对方的观点，肯定对方观点中可取的部分，然后针对自己觉得不可取的地方提出观点。这样以退为进，所取得的效果也往往会好一些。这和心理学上的“拆屋效应”有些类似。假如你想在屋顶上开一扇天窗，让房间里的光线更加充足一些，此时，家里人都不会同意，但如果你先提出把整个房顶拆掉，让房间里光线充足，家人就会退一步，同意你开一扇天窗了。

《影响力》的作者罗伯特·西奥迪尼曾做过一个实验：

实验人员来到一所大学，随机询问学生是否愿意义务陪同一群未成年罪犯逛动物园。当学生们得知自己要长时间陪伴一群曾经有过不良行为的人，而且是义务陪同，当下就有83% 的学生回答“不愿意”。

后来实验人员换了一种表达方式对该学校的学生提问，结果却截然不同。实验人员问学生们：“你们是否愿意在至少两年的时间里，每周花两个小时的时间为未成年罪犯们提供咨询服务？”很显然，所有人都拒绝了这个他们认为相当不合理的请求，接着实验人员提出这个陪同参观动物园的请求。这一次成功率明显提高，答应去动物园的学生人数是原来的三倍。

这样的情况在现实生活中也经常会遇到，比如有人向我们提出一个“不情之请”，我们这时往往会断然拒绝，可是如果对方先提出一个非常不合情理的请求，被拒绝后再提出一个稍微合情理的小请求，那么我们同意那个小请求的概率就会大得多。因为屡次拒绝对方会让我们产生内疚感，所以我们会在心理上进行比较，并选择那个更小、更合情理的选项。

我们直接说出自己的请求，可能会遭到拒绝，但是采用以退为进的方法说，可能更容易达到自己的目的。我们可以先提出一个大的请求，被对方拒绝之后，再提出小一点的请求，而这个小一点的请求既是我们真正想要达成的目标，又容易被对方接受。这种说话技巧可以广泛地运用于谈判、砍价等工作和日常活动中。

在买东西的时候，我们可以先说一个较低的价格，如果老板不同意，再不断加价。这相当于给老板提出了更小的请求，这样做更容易买到低价格的商品。另外，向朋友借钱也可以采用这种以退为进的方式——先提出借五千元，被朋友拒绝后，再提出一个小一点的请求，提出只借两千元，那么朋友这时候借钱给你的可能性会大很多。

当然，这种以退为进的说话方式，也需要注意两点：一是即使是较小的要求，也要合情合理，在对方的接受范围之内。比如砍价时，如果你每次给出的价格都超出了老板的接受范围，那么就算你不断以退为进，也没有一点作用；二是你还必须做好对方不拒绝你最初要求的思想准备。

“以退为进”不仅是一种迂回委婉的人际沟通技巧，更是充满智慧的处世之道，它能够帮助我们更好地和别人进行沟通和交流。

旁敲侧击：棘手问题的说服技巧

我发现，很多人在沟通中说话比较直白。“直言不讳”听起来像一个褒义词，但实际上这种行为并不讨人喜欢，特别是在人际沟通中显得过于直白，往往会让人觉得你情商低。所以在与人沟通的时候，特别是在表达不同意见时，“旁敲侧击”反而更能彰显智慧。

你也不需要担心旁敲侧击会表达不清，但凡有一点智慧的人，一点就通了；如果是不够聪明的人，恐怕你说得再直白，他也无法理解其中的含义。

记得当年有记者向演员梁朝伟提问道：“在电影《无间道》的北京首映式上，你和刘嘉玲非常亲密，我们想知道，你们什么时候能走上红地毯呢？”

对于公众人物来说，这个问题很尖锐，但梁朝伟毕竟是见惯了大场面的演员，他回答说：“我们在人民大会堂的首映式上，就已经走过红地毯了啊。”梁朝伟巧妙地置换了人民大会堂的红地毯与婚礼上的红地毯这两个红地毯的概念，回答无懈可击。

再来看看香港的另一位著名演员刘德华。

在一次访谈中，央视“名嘴”撒贝宁向刘德华抛出一个尖锐的问题：“华仔，你在演艺界打拼了那么多年，为什么周星驰都从‘星仔’混成了‘星爷’，而你还被大家叫‘华仔’？”刘德华十分淡然地笑着说：“因为我看起来年轻，头发还没白。”这样幽默巧妙的回答，瞬间化解了当时的尴尬。

有一次，我受邀参加一个读书会，在路过某个图书展位时，见到了一位懂得旁敲侧击的高手。他是某杂志的营销人员，正在给路过的人推销自己手中的杂志。这时，有一位中年妇女从他面前经过，他照例将杂志递了上去，正准备推销，没想到中年妇女摆摆手，自己先开口说：“每天家务都做不完，哪里有闲工夫看杂志啊！没时间，没时间。”

他笑着说：“不看看杂志，怎么了解外面的世界呢？外面的世界变化可大呢！以前我的朋友也和你的想法一样，可是在订阅了这份杂志之后，想法就变了，现在四处旅游，还把看杂志当成一种精神上的享受，如果你不信，可以先拿一本杂志回家看看。”

见中年妇女有些动摇了，他又接着说：“你不订阅我的杂志也可以，但是记得多看书、多看报，这样你才能知道外面的世界发生了什么。人活着，不能只做家务，不看窗外的世界吧！”就这样，中年妇女终于露出一点笑容，还欣然买了一本杂志。最后她有没有订阅，我不知道，但是这位杂志营销人员无疑成功地说服了她——通过旁敲侧击的方法，改变了她的想法。在现实沟通中，我们也要学会旁敲侧击，温和地表达不同意见，这样既维护了别人的自尊，也让别人对我们更加钦佩。具体应该怎么做呢？

从侧面巧妙地点拨

有些话如果说得太直白，往往会影响彼此的关系，所以从侧面巧妙地点拨，委婉地表达自己的意见或者对他人的看法，如此既表达了观点，又不会伤害对方。

逐步给对方启发

很多时候，指正他人的错误，关键在于让他人对错误有一定的认识，明白真正的“内因”是什么，而批评者的指正只能在一定程度上起到提示作用。所以，那些高明的沟通者在实践当中总是采用逐渐“敲醒”对方的方式，启发对方进行自我批评，这样做非常有利于“被批评者”改正错误。

从多角度“提醒”

如果你的旁敲侧击没有明显效果，则可以考虑从不同的角度去“提醒”对方，比如从反面提示，多角度进行暗示，引发对方的联想。总有一种方法能够让对方有醍醐灌顶之感，从而获得最佳的沟通效果。